文學叢刊

李曉丹著

青州奇俠

文史哲出版社印行

國家圖書館出版品預行編目資料

青州奇俠 / 李曉丹著. -- 初版. -- 臺北市：文史哲, 民: 90
面 ; 公分. --(文學叢刊 ; 131)
ISBN 957-549-386-9 (平裝)

857.9 90014986

文學叢刊 ⑬1

青州奇俠

著者：李曉丹
出版者：文史哲出版社
登記證字號：行政院新聞局版臺業字五三三七號
發行人：彭正雄
發行所：文史哲出版社
印刷者：文史哲出版社
臺北市羅斯福路一段七十二巷四號
郵政劃撥帳號：一六一八〇一七五
電話 886-2-23511028・傳真 886-2-23965656

實價新臺幣三四〇元

中華民國九十年九月初版

ISBN 957-549-386-9

自序

亙古以來，凡仁人志士，行俠仗義，救危扶弱，無慮生死，而不求聞達，飄忽無蹤者，世稱之為俠客。

俠客，也正是民間素所崇拜之江湖豪傑。

漢司馬遷作「史記」一百三十卷，起黃帝訖漢武為十二本紀以序帝王；十年表以貫歲月；八書以紀政事；三十世家以敘公侯；七十列傳以志士庶；就中第一百二十四卷之列傳第六十四篇為游俠列傳，始賦予俠客以歷史地位。

太史公不僅開創了以散文體紀史敘事的風格，並為游俠志士列傳於史書的第一人。其於自序中說：「救人於戹，振人不贍，仁者有乎？不既信，不倍言，義者有取焉。作游俠列傳。」

這位大史學家，在游俠列傳之篇首有言：「韓子曰：儒以文亂法，而俠以武犯禁。二者皆譏，而學士多稱於世云。至如以術取宰相卿大夫，輔翼其世主，功名俱著於春秋，固無可言者。及若季次、原憲、閭巷人也，讀書懷獨行君子之德，義不苟合當世，當世亦笑之。故季次、原憲終身空室蓬戶，褐衣疏食不厭，死而已，四百餘年，而弟子志之不倦。今游俠，其行雖不軌於正義，然其言必信，其行必果，已諾必誠，不愛其軀，赴士之阨困，既已存亡死生矣，而不矜其能，羞伐其德，蓋亦有足多者焉。」

繼又言：「今拘學或抱咫尺之義，久孤於世，豈若卑論儕俗，與世沈浮，而取榮名哉！而布衣之徒，設取予然諾，千里誦義，為死不顧世，此亦有所長，非苟而已也。故士窮窘而得委命，此豈非人之所謂賢豪閒者邪？誠使鄉曲之俠，予季次、原憲比權量力，效功於當世，不同日而論矣。要以功見言信，俠客之義又曷可少哉！」

由於太史公的這一番公論，並率而行之，故自漢以降，史家多亦不再輕視任俠之士。繼之以東漢史家班固作「漢書」凡一百二十卷，於列傳七十中，也即為游俠季布等人立傳。——漢書季布傳稱：「季布，楚人，為任俠有名。」

史載季布原為項羽將，曾數窘漢高祖劉邦，及項羽被滅，高祖欲贈以千金收服之，而季布遠匿，髡鉗自賣於魯地朱家，朱家說於滕公勸漢帝赦之，乃召之為官，忠貞不阿。季布以重然諾，聞名關中。故其時人有一諺語：「得黃金百斤，不如得季布一諾。」

於此可見，俠必重義，義必輕財；俠不輕諾，諾必重信。斯為自古以來，任俠所樹之楷模。

「只見一義，不見生死」，誠任俠之典型。

「任俠」也者，任是為任使其力，俠是為挾之於世，以力輔人之於困危。反之，人若是以身外之力以逞其能，或以私利、私怨以使其勇，即非俠之行為，也沾辱了俠士之名。

任俠見義必行，絕不待他人以名利驅使之，又每能功成身退；並能以成功不必在我之胸襟，助人成之而自隱之。

準此以論，時下之所謂武俠小說，內容每多以私人恩怨之報仇打殺為能事；再不就是以怪力亂神之荒誕不經為描述。如此之武，而距真正俠者之義則遠矣。

然而，小說就是小說。武俠故事之小說，也並不就等於是真實的歷史，故未可與正史之游俠列傳相比擬；容或在時代背景方面有脈絡可循，惟在情節方面仍率多為作者所杜撰，故亦未可盡皆以野史視之也。

大風起兮雲飛揚

安得猛士兮守四方

青衫布衣走邊關
州官黎民惡爲患
奇情濟弱除強梁
俠義肝膽留人間

一

朔風怒號，大雪紛飛。

經過一夜的死守火拚，白石鎮鄉團傷亡累累。

天亮了，雪停了，土匪也撤走了。白石鎮開了土城大門，放出了一輛騾車；車上滿載着鄉勇的屍體。

一支白幡，迎風飄展。幾名工伕，扛着鋤頭，縮着脖子，呵着寒氣，跟在車後，到野外去安葬這些屍首，景況是那麼的淒涼；但也悲壯！

這已經是白石鎮第三次遭受土匪的夜襲了，也僅只經過了半個月的騷擾，就已使得這個青州平原上的商旅重鎮，爲之行旅斷絕，陷於休市；家家戶戶，閉門不出，籠罩着一片愁雲慘霧。

運屍的騾車，離鎮已有三里之遙，拉車的兩匹瘦騾，似乎也是忍受不住這滿腔的悲憤，低着頭兒點到地，踏着那沉重的步子，頂着强風，在大路上哀傷地踯行；儘管雪花已覆蓋了路面，騾子仍可尋出牠前些時候的蹄迹，而不需要工伕的牽引。

騾車在將要轉入一條荒徑小道時，車輪都陷泥漿中，拖也拖不動了。工伕們放下鋤頭，在車後弓起腰來用力推，但只見兩個車輪晃盪了幾下，仍沒有越出泥坑，而車上有一隻手臂滑落了下來，搭在一名工伕的脖子上，他不驚也不慌，把這隻手臂輕輕地挽起，並輕輕地放回車上還拍了拍。此時，忽見從正面奔來了一匹青鬃駿馬，工伕們都禁不住一驚地楞住了。

那匹非常乍眼的慓騎，可眞不同凡響，猶如天馬行空，飛奔如風，工伕們還沒來得及眨一下眼睛，就已騰躍到騾車前面驟然而止。但見馬鞍上坐的是一名英挺的陌生男子，年約三十來歲，頭戴一頂三面瓦式的黑皮帽，身穿青布大襟短襖，腰間紮着一條粗粗的白布帶；下身是一條青布長褲，兩隻褲脚管紮得齊整，配上一雙白底皂面的布鞋伸在馬鐙裡。他兩眼如炬地環繞着騾車注視了一圈，面無表情，遂即策馬飛奔白石鎭裏去。

一位工伕望着那飛騎的背影，往地上吐了一口唾沫說：「一定不是什麼好東西！」

「你怎麼知道？」另一位工伕疑惑不定。

「那他爲什麼不下馬，來幫我們推車?!」

「可也說得是呀！」

工伕們一氣之下，就又再合力推車，並由一人在前面揮鞭趕騾，就這樣一鼓作氣地將車弄出了泥坑，轉入了荒徑小道，繼續前行。

在前面不多遠，就是一片荒塚野地，那兒已有幾個新築起的小坟，雖然都是白雪茫茫地分不出新坟與舊坟，但往坟頭上看，插有白幡者，就是新的。工伕們就在這些新坟之間，又找出一塊空地，開始挖坑。並且七嘴八舌的說個不停……

「挖大一點。」

「也要挖深一點。」

「他們活着時都是好朋友，死了也睡在一起。」

「鎭上棺木已經用完了，只有暫時委屈他們。」

「鎭長說，等打完了土匪，還是要給他們各人一個好棺好墓，現在是不忍看他們都僵挺在廟堂裡。」

「他們有的是外鄉人，鄉團招募來的，有家無家也不知道，我們不能虧待了人家。」

「我看他們都不怎麼在乎。」

「你又知道了！」

「你沒看，面目都很平和，就像睡着了一樣，心裏都好像挺坦然的。」

「嗯！保鄉保民，搭救婦孺老小，死了就沒有什麼怨言，這條命也是值得的。」

「早些年，你家二狗子，還不是爲了打土匪，也把小命賠上了！」

「可不是，他總算沒給我丟臉，轟轟烈烈地去了，才換得這些年來，全鎭都平平安安的。」

「可是，現在又……」

工伕們的說話，接不下去了，大家都很哀痛，更使勁地挖坑……不多久，一個又長又深的土坑就挖好了。於是，開始從騾車上一個接一個的抬下屍體，每一具屍體上都掛着一只用油漆寫的鐵片名牌。

在鎮上，地方父老和鄉團的各小隊長，都正集合在鎮長白立軒的家中開會。偌大的一座客廳裡，擠得水洩不通；廳外走廊上，還壅塞着許多鄉勇，都在屏息地等候消息。

會場內，衆說紛紜，莫衷一是。有人主張要與黑水嶺的股匪妥協，在七天限期之內，交出二十萬銀元的勒索金，以圖苟安一時；但也有人立時反對，因怕無法應付旋風口的股匪，可能亦會提出同樣的要求，那豈不使得全鎮家戶，都要傾家蕩產，無以爲生？

這兩種意見僵持不下，吵吵嚷嚷，但也無人能够提出其他更好的辦法。而大家的眼神，却都緊盯在白鎮長的臉上，好像逼着他非要馬上拿出主張來不可。

白鎮長覺得出來，幾百隻眼睛就像要穿透了他的心。他不看大家，眼睛只望着光溜溜的烏漆桌面出神，面色極爲凝重，這時侯全場靜得幾乎可聽見各人的心跳聲。白鎮長終於歎了一口氣，戚戚地說：

「何掌櫃已經代表本鎮，到縣城裡去辦交涉。我們暫且等一等，看他回來怎麼說。」

「祇恐怕希望不大！」坐在前面的一位白髮老翁，低頭在沈吟着，他是泰豐糧棧的店東。

「伯老！」白鎮長轉過頭來，「總是還要等他回來，或許還有一線希望，最後的希望。」

白髮老翁沒有再言語，祇點點頭。大家也又都沈默着，每個人的臉上，都充滿焦急憤怒與憂愁。

但只有「萬利當舖」的店東石耀仙，嘴角一直掛着漠然的冷笑；他始終還未發一言。

忽然外面有人大聲叫喊：「何掌櫃回來了！」

大家立時心神一振，頭都像木偶似地一齊轉向外面；在外面壅塞着的人羣，立即閃開了一條夾縫，讓白石客棧的大掌櫃何錫義，快步進了客廳。

白鎮長忙不迭地起身迎接，但一見何掌櫃的神色沮喪，就知道事情不妙了，心頭一涼，即又頹然坐下來，幾乎連發問的興趣都沒有了。

但是，大夥兒却耐不住，眼光又都集中在何錫義的身上。在人堆中，有一名鄉勇高聲問道：

「何掌櫃！交涉的結果怎麼樣，你倒是說話呀？」

何錫義也沒看是誰發問，就呑呑吐吐地回答說：「結果是有；但是……但是……」

「但是什麼？你快說！」大家又鼓噪。

「縣城裡的北洋軍，指派了一名營長跟我談，他們說，願意派出一支小部隊，來保護本鎮……」何錫義的話尙未說完，就被會場內的熱烈反應所打斷。

「可眞是太好了啊！」

「土匪絕對不敢再來了！」

「北洋軍還是會保護老百姓的。」

「北洋軍收了我們的糧，當然要做這點事。」

「還算是有良心的。」

大夥兒又是七嘴八舌，說個沒完，並且有人高興得鼓掌叫好。但是，何掌櫃的臉色，却仍像鐵板兒一樣。於是，大家覺得不對勁，又都冷了下來，而感到狐疑不解。

何掌櫃繼續說道：「但是，北洋軍是有條件的，大家先別高興！」

「是什麼條件？」白鎭長終於發問了，因爲他覺得這還是有一線希望的。

「鎭長！」何掌櫃的面孔轉向了白立軒，「他們認爲，本鎭距離縣城太遠，路上又不平靜，部隊給養困難，那意思就是說，必需要本鎭每月供應糧餉五千銀元。」

「啊?!」全場都同聲驚訝。

但是，白鎭長並未感到吃驚，因爲他心裡已經明白，這分明是北洋軍，壓根就不肯派部隊來保護這個偏遠的地方，才故意提出這難題。他不禁爲之黯然，搖頭歎息。

立時羣情譁然，又是議論紛紜。

有人說：「北洋軍收了稅，征了糧，不打土匪，不保護地方，還養着他們幹什麼?」

有人說：「北洋軍只會躲在城裡頭享受，姨太太一大堆，每日山珍海味，那還顧我們老百姓的死活！」

有人說：「每月要五千銀元，根本無需這麽多，這分明是勒索，又跟土匪有什麽差別？」

更有人揮舞着拳頭，一聲怒吼：「我們誰也不依靠，我們還是要跟土匪拚了！」

會場裡的情緒，又都激昂了起來。

「對！」白鎭長挺身而起，「事到如今，也只有這一條路了，大家共存亡，我白立軒也拚上了這條老命！」

會場的情緒，鼓舞了白立軒的勇氣，而白鎭長的決心，也激勵了大家的意志，同心協力拒匪。

但是，何掌櫃却着了慌，急忙說道：「鎭長！這件事還得要再商量，單憑我們鎭上這百把支破槍，只怕撐不了多少時光！」

此語一出，立即遭到大夥兒的詬謗：

「你不要再潑冷水好不好？」

「你說這種話，又是『和稀泥』嘛！」

「你跑了一趟縣城，事沒辦成，反倒洩了氣！」

何錫義被駡得有點火了，跳起脚來說：「我說的老實話，你們不要意氣用事。吵什麽？」

泰豐糧棧的店東，站起來打圓場：「我們大夥兒，都應該平心靜氣，不要自己人動肝火。我已經這把年紀了，更不會怕死，但是，死得要有代價，要眞能把土匪打垮。現在都別吵，大家都只聽白鎮長一句話！」

於是，大家又都冷靜下來。

「寧爲玉碎，」白鎮長以低沈的聲音，重復地說，「寧爲玉碎！」

會場內，都不再有人吭氣。

忽然跑來了一羣婦道人家，哭哭啼啼，衝進了會場，不管三七二十一，就要拉走她們的丈夫或兒子，一陣的亂哄哄，就把會場氣氛，完全沖散了。其餘的人，也都大感掃興，相繼掉頭而去。

只剩下了白鎮長與何掌櫃，互相歎氣地僵在那兒。再一看，還有一個石耀仙，依然若無其事地坐在一角，不作聲。

「石掌櫃！」何錫義走過去，輕拍一下石耀仙的肩膀，「你說說看，還有什麼好主意？」

「就只看白鎮長的囉！」石耀仙把眉毛一揚，站起身來，拍拍屁股就要走。

忽見店小二，慌慌張張，一頭跌進來：「何大爺！您老快回去看看，客棧裡來了一位生客，要住下！」

「唔？」何掌櫃不免一怔。

在往常，客棧來了生客，原不稀奇，而有客落棧是生意上門，更不必大驚小怪；但是，如今在這當口，方圓百里以內，都知道白石鎮鬧土匪，就連多年的熟客也都絕跡了，怎還會有不怕死的生客，敢來投宿呢？

這的確不比尋常，石耀仙一聽也楞住了。

「小順子！」白鎮長一把揪住店小二的胳膊，「守圍子的人，怎麼會放他進來的？」

「回白爺！」店小二巴答着嘴唇，嚥了一下口水，「那個人很倔，打定了主意要進來，在圍子上磨菇了很久，都把他沒辦法，搜過他身上沒有帶什麼傢伙，就只好放他進來住棧了！」

「嗯！」白鎮長放開了小順子，直在沈思。

這店小二望着白鎮長，又補上兩句說：「那人還騎一匹高頭大馬，模樣兒很不賴！」

何掌櫃沉不住氣了：「快！快跟我囘去。」

何掌櫃拉着店小二，急里跟斗地就跑去了。

石耀仙這時候還楞在一旁，却自言自語地說風涼話：「不簡單，很不簡單。」

白立軒想要答腔時，他却一扭頭就走了。

白家的賬房趙善任，一手捋着稀疏的八字鬍；一手握着長煙袋桿，從大廳後面慢條斯理地走出來，臉上帶着一層憂愁的表情，恭恭敬敬地對白鎮長說道：

「鎮長！我們對這個生客，要注意，要注意。」

「嗯！我要親自去看看，那人究竟是什麼來頭。」

「你親自去，恐怕不方便吧？」

「沒什麼不方便，眼見爲眞，免得傳話傳錯了。」

白立軒說着，就一步跨出了客廳，迎面卽見世侄沙一風，帶着一副宿醉的模樣回來，幾乎與白立軒撞了個滿懷，但被白立軒的大肚子，把他頂得倒退了一大步。

「白伯！」沙一風使勁地睁開眼皮，閃在一邊。

白立軒一看到沙一風的浪蕩樣子，就氣上心頭：「一風！兩天兩夜不見你人影，是不是又跟女人們在鬼混？你說！」

「沒……沒有啊！」沙一風故作寃枉狀。

「你簡直是不知死活！」白立軒已怒不可遏。

「眞的沒有啊！白伯……」

沙一風還想强辯，冷不防被白立軒「啪」地一巴掌摑在臉上，沙一風幾乎跌了個跟斗，醉態也完全清醒了，轉身來還想要分說時，但見白立軒已經跨出院門了。

沙一風摸着自己的臉在發呆。

趙善任却在一旁幸災樂禍，笑呵呵。

「笑你的大頭鬼！」沙一風羞惱地咆哮如雷，並對着趙善任握起了拳頭。

趙善任立卽停止了笑聲，溜了進去。

二

白石鎮大街上，出現了稀稀落落的人影，都神色倉皇，交頭接耳。由於一名陌生客的出現，一傳十，十傳百，變成了謠言滿天飛。大家都在談，白石鎮可能又多了一個痲煩。

但在這時候，那名生客，却已安靜的坐在白石客棧裏，獨自飲着剛沏來的一壺熱茶。在客棧門外，偶而閃過幾個人影子，想多看他一眼，而心裏又都有點怕；那位生客，却連眼皮也不曾抬一下。

何掌櫃帶着店小二，急急忙忙地回到了客棧，一進門就不由得放慢了脚步，先仔細打量着這名生客的外貌：身材不大也不小，五官端正而嘴大眉高，不像是莊稼漢，可也不像是商旅買辦，倒還有着點書生味道。他究竟是幹什麼的呢？以何掌櫃的經驗閱歷之深，竟對此人看不出一點門路。他在想，他開這客棧幾十年，什麼樣的人物沒見過，就還不曾見過這樣敎人猜不透的生客。

何掌櫃的一面思索，一面走上前去，正要打招呼，忽聽背後有人叫道：

「何掌櫃！」原來是白鎮長趕來了，「那一位是剛來的貴客？」

其實白鎮長這句話是多問的。在整個客棧內，就只有這麼一位生客，原就已經看在眼裏了。

何掌櫃對白鎮長使了一個眼色，此時生客已經起身迎了上來，一拱手說道：

「請教二位是……？」

「哦！我是這客棧的何掌櫃。」何錫義先自我介紹，並即引見白立軒，「這位是我們的白鎮長。」

「久仰，久仰。」生客又一拱手。

「請問貴客是？」白鎮長站前一步。

「小姓谷——山谷的谷。」

「谷先生大名是……」白鎮長又追問一句。

「不敢當，草字單名一個青字。」谷青並在手心上用指頭輕輕比劃補充說：「青州的青。」

「唔！谷青先生，請坐請坐。」白鎮長轉變了語氣。

何掌櫃即忙着看座並又倒茶，三人在方桌旁坐定。

谷青說：「在下今兒來到貴寶地，還請二位多多關照。」

白鎮長與何掌櫃互相看了一眼，又由何掌櫃開始說話：

「谷青先生！不瞞你說，此地很不平靜，正在鬧土匪呀！」

「我知道。」

「那你如果只是借宿一宵，倒還無所謂，我客棧就完全招待了，不收分文，但希望你愈早離開愈好。」

「不！」谷青把端到嘴邊的茶杯又放下，「我是打算，要在這兒長期住下去的。」

「唔？」何掌櫃和白鎮長，都同時一楞，面現疑懼之色。

「怎麼，不行嗎？」谷青的語氣很平靜。

何掌櫃立卽兩手一攤地說：「這可千萬留不得呀！土匪來了，誰都保不住性命的啊！」

「鎮長的意思如何呢？」谷青看着白鎮長的臉。

「我的意思，也已經由何掌櫃表明了，此地的確不宜久留，我們不能讓客人也跟我們一起受驚！」

「你是說，土匪已經揚言要血洗這白石鎮？」谷青的嘴角上笑了笑。

何掌櫃搶着回答說：「說得是嘛！」

「可是，我並不怕。」谷青沉靜地飲了一口茶：「此地的水土，很合我的胃口，我還是願意住下。」

「哎呀！」何掌櫃着急地一頓脚，「你這簡直是跟你自己過不去！」

「在下生性愚笨，」谷青微笑着又一拱手，「還請何掌櫃多多包涵。」

「噫！」何掌櫃太息一聲，作了個莫可奈何的表情，「現在還談什麼包涵，只求你谷青先生，別再給我們增加麻煩，好不好呢？」

「我一個人，有這麼嚴重嗎？」

何掌櫃張口結舌地答不出話來了。三個人又都沉默下來。

白鎮長心裏，却不免更加懷疑，心想眞是被石耀仙說對了，這事「很不簡單」，說不定此人是另有目的，非要盤問出點眉目不可。於是，不動聲色的問道：

「谷青先生，可不可以請問你一下，爲何必須要在此地長期住下去呢？」

谷青仍低着頭在沉思，心想白鎮長這人，畢竟是地方上有頭有臉的領導人物，他已抓住了談話的重要關節。於是，勉强找出理由的回答說：

「鎮長先生！說實在的，我是想在此地安家落戶。」

「眞的嗎？」白鎮長並不相信。

「怎麼，也不歡迎？」谷青避重就輕。

「別打哈哈，」白鎮長沉下了臉色，「咱們乾脆打開窗子說亮話，我問你，爲何要選擇這偏遠小鎭來安家落戶？爲何看中了這個鬧土匪的地方？爲何要在這緊要關頭上來投店？」

白鎮長這一連串地緊迫追問，一時頗使谷青無言招架，他如何能回答得淸楚呢？事實上，他原想先把這地方情況弄淸楚，都還沒來得及哪，又如何能有適當的言語來應對，何況尚不便於過早表明自己的態度，故只好仍以不着邊際的話兒來唐塞。

「說來也慚愧，我是流浪四海爲家，」谷青雙手抹了一下臉，「因爲我的祖先是這兒人氏，所以，我要葉落歸根，也是應該的。」

「唔？」白鎭長和何掌櫃的，又都同聲地疑惑着。

他二人使盡了腦力在想，無論怎樣搜索記憶，也想不出來，在這白石鎭上，究竟與谷姓人家有什麼根源？最後，二人是面面相覷，都十分納悶。

「鎭上有谷姓的後代嗎？」何掌櫃問白鎭長。

「你都不知道，還問我。」白鎭長蹙起了眉頭，「反正現在鎭上，連一戶姓谷的人家都沒有。」

谷青已從他二人的表情反應，看出了他們的弱點，但又不願他們再探討下去。於是，又作解釋地說：「那已經是年代久遠了，恐怕現在大家都已經不知道了吧？」

谷青的語氣，竟然反問起來了。這使得白、何二人，雖然仍不能完全相信谷青的話，但又無法反駁他，除非鎭上還有活着的二百歲老人，否則，就很難反證谷青所說的都是假話。事到如今，眞感到對他沒有辦法。

但白鎭長只好退而求其次，卽又問道：

「旣然你自稱是鄉親，那我就不客氣地叫你一聲谷青老弟，你說要安家落戶，請問你的寶眷在那兒？」

「哦！」谷青漫應了一聲，同時很快地在腦中轉了一下，「鄉土最親，我就是要回鄉來娶親的嘛！」

谷青的話，言之成理，他二人更無法駁斥了。但在白鎮長內心裏，却對谷青更起了戒心，直覺得很不容易對付，既然趕他不走，莫如派個人暫且把他「看」住，再作道理。於是，白鎮長笑笑說：

「好吧！老弟既然如此堅決，就讓你暫時留下來。」

「不！鎮長，這件事……」

何掌櫃立卽有異議，但尙未說完，就被白鎮長擧手阻止了。白鎮長繼續說：

「不過，爲了老弟的平安，我不能不關心，你初來乍到，人生地不熟的，我派一個人給你使喚。」

「那太不敢當了……」

谷青的謙辭話還沒說完，突然衝進來一個荒唐男子，不問靑紅皂白，立卽掏出槍來，對正着谷青大吼說：

「不管你是誰！馬上給我離開白石鎮！」

「一風！不得無禮。」白鎮長大聲喝止。

原來，沙一風是從街上聽到人們的猜疑謠言，認爲這名陌生客可能是土匪派來臥底的，竟信以爲眞，並且因爲先前挨了白鎭長一耳光，急於想要在鎭長面前表現自己有所作爲，所以，才冒冒失失地來了這麼一手。

但出乎沙一風的意料，不惟沒有嚇倒谷青，甚至對沙一風未加理睬，這就更羞惱了沙一風，竟而不顧白鎭長的喝止，一個箭步跳上前去，就將谷青一把抓了起來。

「一風！你幹什麼！」白鎭長站起來要拉開。

但在這頃刻之間，白鎭長與何掌櫃，都還沒來得及看淸楚時，不知谷青怎麼一撥弄，沙一風已經被摔倒在幾尺外的牆角下，撞倒了碗碟架，一陣唏哩嘩啦，而手槍則已到了谷青的手中。

這時候，大家都還在注意沙一風的狼狽狀，店小二却已悄悄地從後門進來，雙手舉起一個空酒罈子，對正谷青的後腦，猛力拋過來；說時遲，那時快，谷青不曾回頭看，卽舉槍從左肩上向背後開了一槍，那個已飛在空中的酒罈子，就應聲破裂兩半落地摔得粉碎！

白鎭長和何掌櫃都驚呆了，這才發覺是店小二在後面動的手脚。因爲店小二站在谷青的背後直發抖，但又不敢逃跑，眼睛望着白鎭長求饒，手裏則指着沙一風。白鎭長明白了，店小二顯然是受了沙一風的指使，那是有預謀的。

沙一風仍躺在牆角，還沒有爬起來——他是被一羅大碗掉下來打昏了腦袋。

何掌櫃端起桌邊一盆洗水手，對正沙一風，兜頭潑了下去。

谷青將手槍關了保險機，靈巧地在手中一旋轉，倒過來槍柄，就交回在白鎭長手中。並且冷冷地說道：「這就是貴寶地的待客之道嗎？」

白鎭長十分尷尬。

「屁的客！」沙一風從地上跳起來，並吐了一口水，「你小子分明是來臥底的！」

谷青不理會沙一風，只仍對着白立軒反問說：「鎭長！我像嗎？」

白鎭長沒有回答谷青的話，但只轉過身去罵沙一風：「一風啊！你還能不能幹上一點正經事，你簡直是要氣死我了！」

「白伯！我是在要幹一件正經事呀。」沙一風很不服氣，也自以爲受了委屈。

「你荒唐透頂！」白鎭長更氣得跺脚。

「算了算了，」沙掌櫃向雙方打圓場，「這是一場誤會，希望谷青先生不要介意。」

谷青無反應。

白鎭長只好也向谷青表示歉意說：「谷老弟！請你原諒他，現在我們這兒，都被土匪攪得神智失常了。」

「對付土匪，不能妥協，更不能畏縮。」谷青一面拉整着自己的衣領，「你們大家要團結起來，才能有力量拚到底，也才能徹底解決問題，永絕後患。」

「話是不錯，」何掌櫃插口進來，「可是，做起來也不容易，有些人只求苟安，各掃門前雪，而且還有人在看白鎭長的笑話！」

「唔？」谷青正想要得知一點內情，「是誰要看白鎮長的笑話呢？」
「這……」何掌櫃有所顧忌了，「不說也罷！」
「可是，如果全鎮都完了，誰還能苟安得了呢？」
「這道理，每個人都應該聽得懂。」何掌櫃嘆息一聲，「但就是還有人只顧自私自利！」
「那可就是自作孽，不可活了！」谷青又坐下來。
「老弟！」白鎮長又靠近谷青坐下，「你既然有一身好功夫，可不可以助我們一臂之力？」
「要我？」谷青愕然一聲，未置可否。
在谷青心裡想，此時不可讓他們有依賴心理，而自己也感到不可能一柱擎天，豈可大言不愧？而實際上，只有使他們被逼得自行團結起來，才是長久之計。再又想着，他究竟能做些什麼，也還不知道。
「谷青先生！」何掌櫃在旁催促，「你倒是回答鎮長的話啊？」
谷青故意把面孔冷下來說：「打土匪是你們地方上自己的事，與我谷青不相干！」
「可是，你不是也想在這兒安家落戶嗎？」沙掌櫃頂上了一句。
「可是，我現在還沒有啊！」
沙一風趁此機會，又跳起脚來：「你們聽聽！他分明是在胡扯，怎麼能相信他的話，一定要趕他走！」

「不許你再多嘴！」白鎮長呵斥沙一風。

「白伯！你……」

白鎮長又一瞪眼，沙一風就把話憋住了。

由於剛才的一聲槍響，早已引來了一羣鎮民在客棧門外圍觀，漸漸地，人越聚越多，就把客棧門口堵塞了。何掌櫃不得不去驅散大家：

「你們都快回家去吧，這沒有什麼熱鬧好看。」

人羣雖已鬆散開了，但並沒有離去。

忽見白家的長工大牛，十分驚慌地跑來報信：「白爺！白爺！不得了啦，小孫少爺，被土匪擄去了！」

「啊！」白鎮長一驚而起，兩眼發直。

「我去追！」

沙一風從白鎮長手中奪回手槍，即衝了出去。

三

白鎭長回到了家中，只見媳婦秀鳳，哭得像個淚人兒；女兒白玉婉在一旁不停地勸慰嫂子。躲在一邊的帳房趙善任，一見白鎭長回來了，則就開始頓足咒駡自己：「我眞該死！我眞該死！」

白鎭長因爲走路太急，心裡又着慌，由大牛扶住他坐了下來，直在喘氣，還沒來得及問話，就聽到趙善任在那兒自怨自艾。

「爹！」玉婉上前來，指着趙善任，恨恨地說，「都是他惹出來的痲煩，帶小寶貝出去玩耍，才被土匪擄去的！」

「啊呀！」白鎭長已喘過氣來，但又氣得面孔鐵青，「趙師爺！你怎麼這樣不小心啊！」

「白爺！我實在對不起你，」趙善任欲哭無淚的樣子，「我帶孫少爺在大門口玩，一轉眼工夫，孩子就不見了！」

「你當時沒有在附近尋找嗎？」

「都找遍了，就是找不到了！」

「那你怎麼知道，是被土匪擄去了？」

「我……」趙善任楞了一下，「我猜想的。」

「當時還有什麼人在場？」

「沒有，什麼人都沒有。」

這個事件，發生的太突然，也太奇特，並且沒有第三者在場。只聽趙善任一面之詞的報告，白玉軒半信半疑，就再派大牛出去尋找，並叫來了鄉團負責守園子的各小隊長，一一查詢有無嫌疑人等進來，均答稱絕對沒有。但追查到最後，却查出了在這段時間內，有一名跑單幫模樣的男子，揹着一個蔴袋出了園子，但那人是有通行證的。

糟了！白立軒心想，問題可能就發生在那個蔴袋裡了。但那是什麼人呢？爲何有通行證而守園子的人竟然都不認識他？這一連串的疑問，都是無法解答。

這個六歲大的小孫兒，是繼承白家香煙的唯一命根子，因在六年前，白立軒的獨子出外經商辦貨時，在路上遇到了刼匪，發生槍戰而不幸喪生，媳婦秀鳳就在這時候才發覺已經懷了身孕，九個月之後，就爲白家生下了這個遺腹子，鄉里親友莫不慶幸白家有後，都看作是小寶貝。如今，竟被土匪擄去了，怎不使得白立軒一家人爲之痛心疾首！

一向有「無事忙」之稱的收生婆也是媒婆的吳大娘，聽到這個驚人的消息之後，很快就趕來白家對秀鳳百般安慰，並拉着秀鳳回房去，玉婉也跟着去了，她們三個女人關在閨房內談些什麼話，外面人均不知曉。

白立軒急得如熱鍋上螞蟻，連連拍着桌子，對趙善任大發脾氣：

「這怎麼得了！怎麼得了！孩子那麼小！」

「我心裡比誰都難過……」趙善任乾哭無淚。

「他們這麼做，又有什麼目的呢？」

「早一天不就已經打單說過了嗎？要我們在限期內把錢送去。」趙善任哭喪着臉，「我猜想：他們目的必定是對你鎮長施加壓力，交出了錢，才可以把孫少爺贖回來。」

「他們要二十萬銀洋啊！我能去那兒弄來？！」

「總得要想個法子呀！」

「有什麼法子？」

「能籌多少，就是多少，十萬八萬，也得應付一下才好。」

白立軒一聽這話，更加發火了：「哦！你是賬房，你到是替我算得清楚，我白家全部的家產，頂多也不過只值得十萬八萬銀洋啊！」

「那有什麼辦法，救人要緊。」

「可是，土匪原先是向全鎮勒索銀錢，而今擄去了我的孫子，無形之中，却又變成了完全是我白家的廱煩，卽使想與土匪妥協，我不惜傾家蕩產，但那其餘數目的銀洋，就更不容易凑得出來了啊！」白立軒又頓足不止。

「不管凑得出與凑不出，也只好走一步算一步。」趙善任似乎很能替白立軒盤算。

沙一風忽然滿頭大汗的跑了回來。

「一風！怎麼樣？」白立軒急問。

「已經追不上了，」沙一風張口氣喘的，「追了十來里地，連個影兒都沒有看見！」

白立軒失望地又長嘆一聲。

沙一風非常急渴地在倒茶喝。趙善任急忙遞上一條毛巾給他擦汗，並有意討好地說道：

「侄少爺！辛苦你了，這件事，實在發生的太突然了！」

「我看，並不突然！」沙一風只顧擦汗。

趙善任聽了，却是神色一怔；但沙一風沒有注意。

「侄少爺的意思，是說……？」趙善任試探着。

沙一風又自認聰明起來：「我是說，這件事必定跟那姓谷的小子有關連！」

「一風！」白立軒在沉思中，糾正沙一風，「這件事，不可以亂說！」

「白伯！」沙一風轉向白立軒面前，「這八成是他的調虎離山計，把我們都引到白石客棧去，然後，土匪就在這邊下手擄人！」

白立軒還沒答話，趙善任却已眼珠子一轉，立卽順着毛縷下去說道：

「對對對！侄少爺說得對，他們必定都是一夥的，非得趕快除掉那姓谷的小子不可！」

「不！我要捉活的，拿去跟土匪交換小寶貝回來。」沙一風說得神采飛揚，並卽捲起了袖子，好像馬上就可以捉到手似的。「白伯！你就把他交給我好了。」

「不要亂來，」白立軒沉吟着，「我看那姓谷的，不像是什麼壞人。」

「嗐！」沙一風一甩手，「白伯！你怎麼竟是太相信人，別只看他外表挺正派，說不定內藏奸詐；越是長個老實臉的人，才越容易使別人上當。」

趙善任聽了這話，在背地裡又是心頭一愣。

白立軒被沙一風說得有點動搖了，兩眼直盯住沙一風的臉。

「白伯！」沙一風更起勁了，「事不宜遲呀！你要當機立斷，才能救得了小寶貝。」

「如果萬一弄錯了對象，」白立軒仍很慎重，「捉虎容易放虎難，那時候又如何對谷靑交代？」

「沒什麼不得了的，」沙一風的荒唐性格又露出來了，「他是外鄉人，把他揹出白石鎭不就結了！」

「那又何必多此一舉哪！」白立軒仍覺不妥。

「但是，也只有捉住他拷問，才能弄淸楚他的底細呀！」

「我是躭心沒有辦法收場！」

「那就乾脆把他做了！」

「不行不行，千萬做不得！」白立軒連連搖手，「我們不能寃枉人，也不能隨便殺人。」

「那！」沙一風又想點子，「這樣好了，如果他不是土匪一夥的，放了他也不肯走的話，就把他關起來。」

「嗯！這倒是可以使得。」白立軒思索地點頭，「不過，祇恐怕你不是他的對手。」

「放心，」沙一風隨便的拍着胸膛，「我保證可以把他制服就是了！」

「一風！」白立軒扭身皺起了眉頭，「這不是可以只管亂吹牛的。」

「決不吹牛，」沙一風更想要逞强，「不論是活的死的，如果我擺不倒那姓谷的，我就沒臉再回來見你了。」

慣於大言不慚，荒唐成性的沙一風，這次又把話說得很滿。而白立軒當然瞭解這個世侄的毛病，聽了也只當耳邊風，並未把它當眞。

沙一風見白立軒的表情不信任，只好坦白了自己的招式，說：「白伯！你相信我好了，明的不成，我可以跟他來暗的，總會把他捉住的。」

白立軒還沒有答話，趙善任急忙過來，對沙一風伸出了大姆指說：「行！行！侄少爺，你眞行！」

「趙師爺！」立軒臉一沉，「你不要在旁邊亂鼓動了好不好？」

趙善任沒趣地又躲到一邊去。

守圍子的一名鄉勇，忽然跑來，送上一封信說：

「鎮長！這是土匪頭子單虎臣送來的。」

「唔？」

白立軒愕然地急忙拆信看，又驚又喜的說：「啊！小寶貝果然是在他們手裡。」

「你看，是吧！」沙一風更有理了，「蛛絲馬跡，還不是跟那姓谷的有關係？」

立軒默然。

四

當天夜半時分，沙一風憑着一點輕功，摸進了白石客棧，直趨谷青下榻的房間。

事先，沙一風不動聲色地曾向店小二探聽過，谷青的房間，是在樓上轉角的地方，整座客棧樓上樓下大小幾十個房間，就只這一間沒有窗戶，也就數這一間最小。據說，是谷青自己選的。

沙一風心想，合該谷青倒楣了，豈不像甕中提鼈，逃也逃不掉的。

沙一風沒有帶槍，因爲白立軒怕槍聲會驚擾了守圍子的鄉團，萬一在半夜裏發生了誤會，豈不攪得大亂。所以，只准沙一風帶了一根棍棒和一把防身的短刀，想將谷青擊昏活捉也就得了。

沙一風雖不會幹過偷雞摸狗的事，但這一回確是很想露一手，一方面要在白鎭長跟前爭口氣；一方面也要向谷青爭回面子，都是下了最大決心的。而實際上，沙一風的手脚，還眞不錯，神不知，鬼不覺，就把谷青的房間弄開了。

沙一風輕輕進入房間，沒走幾步就摸到了床邊，但同時也觸到了床面上似乎是光溜溜的，再一放開手去摸了一遍，竟然是空的。

沙一風心中好生奇怪，難道谷青半夜出去幹什麼壞事了？要不就是店小二說錯了，或者是又換了房間？反正已經摸進來了，就應該先在客棧裏查個清楚再作道理。

於是，沙一風輕手輕脚的，就開始探查每一個房間。他知道，客棧內除了一名谷青之外，絕無其他的旅客，凡是房門可以推開的，他都不必再進去了。

忽然，有一個大房間的門，他推不動了，裏面的門閂揷得緊緊的。他貼耳在門縫上細聽，果然有人在熟睡中的呼吸聲。心想，這可沒錯了！

的確沒錯，原來是谷青換了房間，但只是爲了正常的防備，倒並不曾想到沙一風還會暗算他。反正也覺得客棧內多得是空房間，隨便他怎麼睡。

沙一風小心翼翼，用小刀輕而又輕地撥開了門閂，只推開了一條縫，人就擠了進去。但見這個大房間裏，却有兩個窗戶，藉着淡淡星光，他已看見谷青睡在一張大床上，側身朝內，正是下手的大好機會。

沙一風以輕如羽毛的脚步，摸到了床前，剛擧起棒子要打下去的那一刹那，谷青竟而猛然地驚醒了，連翻兩個滾，棒子落下時，谷青已滾到了牆邊並叫道：

「誰！」

沙一風當然不回答，又是一棒，但谷青已縱身躍起，跳向門邊；沙一風見勢不妙，卽越窗而逃，但谷青身手更快，一躍到窗口，沒抓住沙一風，却抓住了他的兩條褲脚管，而這時候沙一風的身子却已漏下去了。於是，沙一風就被扯脫了褲子，眞箇是落荒而逃了。

一時之間，雞飛狗叫，驚醒了樓下何掌櫃的，披着衣服，打着哆嗦，跑上來查問發生了什麽事？谷青手中提着一條褲子，對何掌櫃的抖一抖說：

「你看，這是沙一風的褲子，他來行刺我。」

說罷，就將褲子扔給了何掌櫃的。

何錫義接過褲子在手中，看了一看，瞠目結舌地有如丈二金剛摸不着頭腦；想了一想，還是不明白，說道：

「沙一風來行刺你，還脫下褲子來幹啥？」

「你去問他！」

何錫義楞了半响，反而尷尬的笑了。

沙一風逃離了白石客棧院牆，狼狽不堪，眞的應驗了他自己所說的，沒臉回去再見白立軒。可是，在這半夜三更的，下身只穿着內褲，凍得起雞皮疙瘩，往那兒去呢？他想了又想，只好再跑去「寄香書寓」，找「小香水」共宿一宵了。

沙一風畏畏縮縮地走在街上，偏巧又遇上了三名巡夜的鄉團隊員，他怕丟臉，就加快脚步想跑，這一跑，反而引起三名隊員加緊猛追，終於被捉到。

「啊！原來是你，沙少爺？」

「沙少爺！你半夜出來做什麼？」

「呀！你怎麼沒穿褲子？」

沙一風眞是尷尬極了，恨不得能見地下有個洞可以鑽進去。但是，他一急之下又想掩飾，卽作原地跑步狀，並說：

「哦！我是在寒夜練習跑長途，準備去黑水嶺打土匪，不怕挨凍。」

「原來是這麼囘事。」

三名巡夜的隊員，點點頭就走了。

沙一風也立卽消失在黑夜中。

說起這沙一風，身世頗爲坎坷，他是白立軒早年結拜兄弟沙振奎的獨生兒子，從小就被託孤給白立軒撫養長大的，跟着鄉團練過一些武功，但是並不怎麼成材，或許是因爲從小就跟下層二流子們混在一起，不只學會了吃喝玩樂，還慣會吹牛，經常說了大話不辦事。可是，這一次，他是眞想立點功，其動機也可能是同時爲了討好秀鳳，因爲自從秀鳳守寡之後，他就一直暗戀着她，却又不敢表示出來，而致於每到苦悶得無法排遣時，就跑去「寄香書寓」裏鬼混，久而久之，就與妓女「小香水」成了相好，但心裏想着的却仍是秀鳳。所以，小寶貝被擄，他是眞想出全力把孩子救囘來，以求獲得秀鳳的歡心。豈料，竟被谷靑脫了褲子，自感窩囊透了！

沙一風帶着一肚子的霉氣，冷得兩腿打顫，急急地敲開了「寄香書寓」的門，老鴇楊寡婦連忙拉扯他，但被他一把推開了，一逕地衝入了「小香水」房間，竟發現老相好正與別的男人睡在床上，沙一風更是氣上加氣，不由分說，就拖起那光溜溜的男人，連推帶踢地趕出了房間，並將其衣褲扔了出去。可是，這時候，「小香水」却擁着被子笑了起來。

「你笑什麼！」沙一風一頭無名火。

「喂！你的褲子呢？」

小香水不明眞象，原祇是一句打情駡俏地調笑話，但不料却激怒了沙一風，竟而一把揭掉了小香水的被窩；小香水尖叫了一聲，就赤裸裸地滾到床角，縮成一團了。

第二天，鎭上就傳開了，沙一風被谷青「脫了褲子」。沙一風又羞又惱，躲在小香水房裏，更不願出去見人了。老鴇和小香水，也都把他無可奈何。

白石客棧經過那夜一場驚險的鬧劇後，何掌櫃的頂不住了，苦苦央求谷青離開；否則，他就只好丟下客棧不管了。

谷青回答說：「你只管安心，我不會出事的。」

「可是，我會出事，」何錫義態度堅決，「我受不了，只求你幫我一個忙，以後我還要做生意，不能給人傳出去，說我的客棧不乾淨。」

「不流血，不死人，有什麼不乾淨？」

「可是，有你住在這兒，就還會惹來麻煩；有了麻煩，就難免不會發生意外！」

「我不會惹誰的。」

「可是，你保不住有人會來惹你呀！」

「你開的是客棧，我住房給房錢，吃飯給飯錢，你沒有理由拒絕我。」

「可是，我現在關門不做這生意了，你總不能强迫我留你吧？」

「客棧不留我，何處還能留我？」谷青反而相求了，「何掌櫃！你總不忍心逼我睡在露天裏吧？」

「那是你自己的事！」

何錫義這種冷漠的話都說出來了，谷青心頭感到一涼，就不願再多費唇舌了。谷青畢竟是一個漢子，自然不願被人看作是惡賴。但他又該怎麼辦呢？又能往何處安身呢？而內心裏，又決不甘願就這樣離開白石鎭。

谷青正在進退兩難的時候，石耀仙突然跑來拜訪谷青，一見面就對谷青卑躬屈膝，極盡恭維阿諛之能事。

「谷先生！谷當家！谷大爺！」石耀仙叫得非常順口，一點都沒有打嗝。

「請別這麼稱呼；我是當不起的。」谷青因已從何掌櫃的口中，略知石耀仙的爲人，原就不願答理。

「當得起！當得起！」石耀仙又把座櫈向谷青拉近一點，「我石耀仙，有眼不識泰山，早就應該來拜見您谷大爺。」

「在下赤手空拳，流浪天涯，何足重視？」

「大爺您太謙虛了，」石耀仙笑得眼睛瞇成一條縫，「眞人面前不說假話，您的確太値得重視了，我就非常非常敬佩您！」

「唔？我眞是有點受寵若驚了，」谷青注視着石耀仙的臉，「該不會是對我有所要求吧？」

「對對對……」石耀仙忙不迭地承認，但一想措詞不當，立卽又改口說：「哦！不，不是要求，而是想請求谷大爺幫個忙。」

「幫忙？」谷青估不透是何用意了，「我能幫你什麼忙呢？」

「太能了，太能了！」石耀仙更加眉開眼笑，「所以，我非得借重您的大力不可。」

「做什麼？」

「請您谷大爺，務必賞個臉，到舍下作客，保保平安。可以嗎？」

谷青一聽此言，立時就楞住了。

但是，何掌櫃的見有機可乘，來個順水推舟，竟急忙接口說道：

「那好啊！這實在最理想不過了。」

谷青對何掌櫃瞪了一眼。

石耀仙又立即說道：「何掌櫃說得對，請您谷大爺幫忙，是最理想不過的了。」

接着，何掌櫃的又喜孜孜地說：「石府院宅寬大，樣樣都好，住下可舒服得很哩！」

谷青仍不言語。

何掌櫃的竟對石耀仙使了一個眼色，慫恿石耀仙加點油水。石耀仙會意，又說道：

「谷大爺！我這是重金禮聘，一定會給你滿意的。」

「哦！這麼說……」谷青正好抓到了藉口，「你是想用金錢收買我？哼！你看錯人了。」

「這！」石耀仙一怔，轉而抱怨何掌櫃說：「都是你『和稀泥』，本來我不想先提到錢的事，你偏要我說，這下可好了，事情又被你弄崩了！」

何掌櫃受到抱怨，又想到自己要趕走谷青的問題還沒解決，於是就又老調重彈：

「谷青先生！這麼好的機會，如果你不肯接受的話，那也只好由你睡到露天去了，可別再怪我喲！」

谷青一挺脖子，還想反駁，但沒有說出口。在他心裏，雖不甘願，而事已無可奈何，不能不另有個安身之處；再轉念一想，忽而心思開了，莫如將計就計，姑且再從石家去多探索一些情況，亦未嘗不是一條可行之路。想到這裏，谷青凝重的臉色，漸漸消散了。

何掌櫃一見谷青的臉上有了轉機，立即又笑逐顏開地說道：

「你就別再猶豫，這又不是什麼了不起的大事，咱們就這樣決定好了。」

石耀仙在何掌櫃的暗示之下，亦立卽强自打躬作揖地說：

「多謝谷大爺賞光！多謝谷大爺賞光！」

谷青主意已打定，也只好勉强地點了頭。

石耀仙樂得哈哈大笑，手舞足蹈。

接着，就由何掌櫃越俎代庖，當場與石耀仙談妥，每月支給谷青酬金三百銀元。這個價碼雖不驚人，但以一袋麵粉尙不到二元的價值來看，也可算是相當高了。

然而，綽號「死要錢」的當舖能手石耀仙，何以對谷青如此大方，這在他內心裏，倒是另有一套算盤，也是別有目的，在他原只是想要利用谷青最多不過三個月，旣可保住他度過目前遭受土匪侵擾的難關，更可保住他穩做一票「大生意」，所能獲得的暴利，就大大超過於這點酬金的數百倍了。因此，石耀仙立卽拉起谷青就要走：

「谷大爺！這就請您了。」

「慢點！」

「怎麼？」石耀仙以爲谷青又反悔了，「大丈夫做事，搖頭不算，點頭算；我石耀仙可決不會反悔喲。」

「不是這意思，」谷青轉向何掌櫃，「你趕我出客棧，我可要對你有一個要求。」

何錫義發楞了，生怕谷青再給他難題。

「你不用怕，」谷青輕輕一笑，「我是要求你客棧，仍然代爲照顧我的馬，草料和工錢，我都會照算。」

「行！」何掌櫃的心頭一輕，答得很乾脆。

「我這匹馬很貴重，可得要好好愛護。」

「你放心好了，我客棧的馬夫，現在也就只伺候你的這一匹馬了。」

何錫義是只求快點把谷青推出客棧大門，雖然他也識得這匹青鬃駿馬不比尋常，但總比人命關天的事兒要好辦，那就輕鬆的多了。

五

石耀仙的年歲，已過五十了，但因保養得好，看上去尙無老態。他一向是專做暴利的買賣，在鎭上可算是富戶之一，但人們都估不透他究竟有多少家私，因爲他在省城和縣城，也都有財路。

石耀仙性好漁色，前些年間，從外地帶囘來一個風塵女人巫桂花做小星，容貌十分妖艷，尤其她那一身圓潤的肌膚，是紅中透光，好像每一根汗毛孔都在冒火，令人有灼熱之感。因之，在鎭上就有了「烏拉草」的綽號，可稱一絕。

但巫桂花的性情，過於風騷之外，又加上潑辣，沒過多久，竟將大婦曾氏氣死了，因而更加氣惱了石耀仙的三個兒子，都在一怒之下而遠走高飛，很使石耀仙難過了一陣子，悔之不及，但經不起巫桂花的媚功迷惑，漸漸也就淡忘了，祇在暗中不時以金錢接濟兒子而已。

巫桂花年才不過三十歲，而石耀仙年齡幾乎比她大了一倍，因而在各方面，都已漸漸感覺控制不了她，就只好任其爲所欲爲了。

如今，由於石耀仙的利慾薰心，居然弄來了一名年壯英俊的漢子住在家中，巫桂花可樂了，當天就擺下了酒宴，熱情如火地招待谷青，壓根就不避諱石耀仙會不會吃醋。

「谷大哥！」巫桂花沒經過多久的談話，就開始這麼熱絡地叫上口了，「我好像在那兒見過你，就是記不起來了呀！」

谷青只是生硬地在嘴角上笑笑，沒有言語。

石耀仙却忍不住說話了：「桂花！別瞎扯，你怎麼可能見過他。」

「那大概是特別有緣了，總看着好面熟喲！」桂花不但說得大膽，而且媚眼兒全拋在谷青臉上。

石耀仙雖然不免在心頭上酸酸的，但想到大利當前，也就睜一眼閉一眼地裝糊塗，並且還順着桂花的口氣說：

「對！可不是嘛，我也覺得特別對谷先生有緣。來！咱們再乾一盃。」

谷青又只好端起酒盃，跟着一飲而盡。

桂花立卽用自己的筷子，夾起一塊紅燒肉，就往谷青口裡送：

「來！別只喝酒。」

谷青頭往後一讓，立卽端起面前的碟子接下來。

桂花嗲聲嗲氣：「快吃嘛！」

谷青只好一口把肉吞了下去。

石耀仙爲了沖淡這酸溜溜的氣氛，連忙又替谷靑斟酒，但不知是因爲心不在焉，還是心中有氣，竟把酒溢出了盃子，灑了一汪在桌上。

「呀！耀仙，你是怎麼了，今兒連酒也不會斟了！」

桂花說着，急忙抽下掛在自己衣襟上的一條粉紅紗巾，故意從谷青的鼻尖上蹭下去，擦他面前桌上的一汪酒。而谷青只聞得紗巾上一股迷人的香味，直覺得鑽入了心肺，心神不免爲之一盪，但立刻就又鎭定下來，祇不知這是什麼香東西，心想今後可要避開點。

「呀！難怪酒會跑出來，」桂花又有了主意，「谷大哥這隻盃子太小了，我給你換一換。」

桂花不用分說，卽將自己沾有口丹的酒盃與谷青對換了，並且立卽擧起酒盃說：

「谷大哥！今後一切都要仰仗你了，我再敬你一盃。」

谷青望着面前沾有紅丹的酒盃，可作難了。

這時候，石耀仙實在有點忍不過去了，就藉詞排開桂花說：

「桂花！你別把谷先生灌醉了，我們慢慢喝，還要談生意，你就先下去吧！」

「喲！你就看不得我才高興了一會兒，」桂花半嗔半嗲地站了起來，「好吧，讓你們談，我先告退了。」

桂花瞟了谷青一眼，就如風擺柳地去了。

「谷兄弟！」石耀仙把谷青請到手之後，就不再叫他爲谷大爺了，「傳說你是跟單虎臣有連絡的，可是眞的？」

「你相信嗎？」谷青不動聲色。

「我……我不太相信，」石耀仙觀察着谷青的臉色，「不過，是與不是，也都沒關係。」

「這是怎麼說呢？」

「如果是，能借着你，跟單虎臣拉拉交情，也蠻管用的。」

「如果不是呢？」

「如果不是，也可借重你一身的好功夫，保我一票大買賣，還是挺管用的。」

「唔？」谷青這才恍然了，但仍保持冷靜，「是什麼樣的大買賣呢？」

「現在可以不瞞你說，」石耀仙壓低了聲音，身子也向前傾着，「是一批很貴重的紅蔘，要打從這兒入境，可是正碰上鬧土匪，我很躭心這批貨會遭刼。」

「那你的意思，是要我替你去接貨？」

「對，對極了！」石耀仙一拍膝蓋頭，「你可眞是聰明人，一點就亮了。」

「到什麼地方去接呢？」

「這批貨，是從海上過來的，」石耀仙眼珠子一轉，忽又改變了口氣，「等到時候，我就會把路線告訴你。」

「還要多久呢？」

「不久，不久，就在這兩三天之內。」

「嗯！」谷青已了解石耀仙的眞正目的，心裡想法就又不同了，「這可不是一件容易的事喔！」

「只有你才行，」石耀仙又將谷青的酒盃換回來，「事成之後，我會另外對你有重重的報賞。來！我先敬你大力幫忙。」

谷青飲下了酒，但祇在點頭沉思不語。

石耀仙去取來了長短槍各一支，放在桌上，但被谷青推往一邊說：

「不需要。」

「你沒有傢伙怎麼行？」

「我進鎭的時候，曾經對鄉團說過，絕不帶任何武器，豈可言而無信！」

「可是，現在是我請你辦事啊！」

「也一樣，」谷青自己飲了一盃酒，「否則，我對鄉團無法解釋。」

「我替你去向鄉團解釋，這是爲了保我的險啊！」

「你放心，我不用武器，照樣也可以保你的險就是了。」谷青的語氣，斬釘截鐵。

「好！」桂花又來了，「谷大哥！你眞是一位響叮噹的硬漢子！」

桂花的笑聲，像一串銀鈴，並靠近了谷青的身邊，幾乎要傾倒在谷青的肩上。

石耀仙莫奈何，就藉着收起槍支的動作，避開了酒宴桌。

谷青亦趁機起身，才將桂花擺脫。

但是，谷青心中還很納悶，石耀仙今天爲何絕口不談，他與白鎮長之間，究竟有些什麼過節？

六

白鎮長已經耳聞，沙一風被谷青脫了褲子的事，一個人氣得在客廳跺脚，口裡還直在罵：

「沒出息！沒出息！」

一轉頭，忽見何掌櫃非常得意的樣子跑來了。

「白爺！白爺！這下可好了，我已經把谷青趕出客棧了。」

「唔！他已經離開本鎮了？」

「不，他住到石耀仙家裡去了。」

「啊！」白立軒一驚，「何錫義，你這可眞的是『和稀泥』啊！」

何錫義一楞：「怎麼了？白爺，我這並沒有錯呀！」

「還說沒有錯！」

「我把這個熱山芋，丟給了石耀仙，不是少了我們的一個麻煩嗎？」

「哎呀！」白立軒一頓足，「你也不想想，不論谷青究竟是什麼人，你把他推給了石耀仙，那不都是如虎添翼嗎？石家有了他，那還了得！」

何掌櫃的傻眼了：「嗯！這點我倒沒有想到。」

「你也不先來問問我，就只求你自己落得清爽！」

「呃？白爺，話可不能這麼說，」何掌櫃的還覺得自己有理，「想想看，你不收容他，還讓沙一風去捉他，人是在我客棧裡，教我如何應付呢？」

「我並沒有說不收容他，祇因爲還沒弄清楚他的底細。」白立軒拿起了水煙袋，裝上了煙絲。

「我也是同樣不清楚，心裡直嘀咕呀！」

白立軒一口吹着了紙信子，呼拉呼拉地吸了一口濃烟噴出來：「再說，你要趕他出客棧，也不是這樣地趕法呀！豈可顧頭不顧尾？」

何掌櫃的支支吾吾，無言以對。想了又想，才說道：「既然不對勁，那我只好再去把他給弄回來。」

「那更糟！」白立軒一氣的放下水煙袋。

「又有什麼不好呢？」

「那不是變成了跟石耀仙爭保鑣了嗎？」

「爭就爭嘛！

「那又會引起了石耀仙的怨恨，他跟我之間的磨擦，豈不又更加深了嗎？」

「這可就難了，」何錫義抓抓頭皮，「怎麼樣都是不好！」

「噫！」白立軒長吁一聲，「一步錯了，就會步步錯啊！」

白玉婉從廳廊上走進來，望着白立軒那種憂心如焚的情況，心裏難過得幾乎要哭出來，戚戚地說道：

「爹！事到如今，急壞了身子也是沒有用，還是想個辦法，先救回來小寶貝要緊。」

「有什麼辦法可想呢？白立軒又抓起了水煙袋，「黑水嶺的股匪，是只曉得要現大洋！」

「先派個人去跟單虎臣說說，如果不肯放小寶貝回來，就要求他再把限期延後幾天。」玉婉提出了建議。

「延後幾天又能如何？還不是照樣籌不出那麼多的現大洋！」玉婉難過的說。

「總可以緩口氣，也不失爲拖刀之計。」

「嗯！」何掌櫃的一擊掌，「玉婉姑娘說得對，先拖一拖時間再說。」

白立軒吸着煙在沈思，猛一抬頭，問道：

「誰敢去！」

「孩子是趙善任弄丟的，就派他去！」玉婉說。

趙善任忽從屏風後面閃了出來：「啊！玉婉姑娘，我可沒有對不起你，怎麼要我去送死？」

「哦!原來你躲在後面偷聽,眞不光明。」玉婉白了他一眼。

趙善任使出一副可憐兮兮的樣子說:「白爺!我跟你這麼多年了,從沒犯過錯,你可要護着我點啊!」

「哼!你這次犯的錯,可就够大了。」白立軒一拍桌子說:「不派你去,還能派誰!」

趙善任撲通跪在地下,眼淚立刻就出來了:「白爺!你一向最仁慈,待小的如同一家人。白爺!我這條狗命,就抓在你手裡了,你緊一下我就會死;你鬆一下我就會活!白爺……」

趙善任的這一功,正是打中了白立軒的弱點,也爲自己洗脫了嫌疑。白立軒雖不耐煩,但一迭聲地說:

「起來,起來!你這是幹什麼,我還沒有決定哪!」

趙善任從地上爬起來,乾巴巴地擦着眼淚說:「白爺!你的大恩大德,我是死也不會忘記的啊!」

「哼!眞會假惺惺。」玉婉在旁冷語。

白立軒却問趙善任說:「你不肯去,那又能派誰去呢?」

趙善任不會思索,立卽答道:「應該派谷青那小子去嘛!」

「不行!」白立軒搖着頭,「我們不但派不動他,而且還不知道他究竟是幫那一邊,萬一所託非人,豈不是愈弄愈糟,上了大當!」

「爹！依我看，那姓谷的不一定就是壞人。」

「可就不知道他心裡在打什麼主意？或者，只不過是一個在江湖上的混混呢？」

「可也不妨就拿這件事，試試他嘛！」

「對！玉婉姑娘說得有道理。」何掌櫃的又附和。

「怎麼個試法？」白立軒根本不在意

「我去辦！」

「你女孩兒家，少管這種事。」白立軒揮揮手。

玉婉不高興地扭身就要走，迎面卽見「白雲庵」的妙月師太，神色不安地匆匆來到了客廳。

「阿彌陀佛！姑娘，你可好嗎？」妙月握住玉婉的手，但臉孔轉向白立軒，「白老爺子，貧尼下山來收香油錢，才知道小寶貝出了事，求菩薩保佑。」

「請坐。」白立軒又歎息了一聲。

「你已經够煩心了，不便再打擾，只請你放寬心，好人會有好報的。阿彌陀佛！」

「師太！」玉婉拉着妙月的袍袖，「去看看我嫂子。」

「對！正想去安慰安慰她。」

妙月向白立軒合十爲禮，卽隨着玉婉出了客廳，轉到後院去看望秀鳳，手掐着胸前的念珠，邊走邊唸唸有詞。

自從孩子被擄，秀鳳哭過了幾次之後，經人勸說，她已不再哭泣了，因怕更增加公公的煩躁不安，祇是終日悶坐在房中，聽天由命。妙月師太的來訪，固可稍解憂愁，但儘管說得佛法無邊，而在小寶貝沒有平安回來之前，那是任何言語都不能使秀鳳坦然的。

秀鳳只是靜靜地聽着，毫無任何反應。妙月說累了，也就自動停下來。

秀鳳拉開了梳粧匣，取出一小捲用紅線纏着的零碎銀票，交在了妙月老尼的手中，沈靜地說：

「師太！這是月例香油錢。」

「到這時候，你還想着這個。」妙月很感動。

「我嫂子總會準備着的。」玉婉一面輕輕地撫着秀鳳的髮絲，「她所求的，就是公公的高壽，和孩子的平安，從沒聽她爲自己說過什麼。」

「像這樣賢德的媳婦，」妙月的聲音哽咽了，「爲什麼會遭遇這樣的苦命呢？天道實在不公……哦，阿彌陀佛！罪過，罪過！」

老尼的眼淚，已經像斷了線的珠子，滾落下來。

玉婉忍不住了，避到衣橱後面，掩面嗚咽不止。

秀鳳兩眼發直，神情呆痴。

七

谷青的下榻之處，被巫桂花安排在後院的花廳裡。起初，石耀仙是想要谷青睡在前廳的客房，跟他近一點，才會覺得安全。但桂花不同意，說是距離他們的臥房太近了，諸多不方便。耀仙聽了這番話，心喜桂花對自己還是非常忠實的，也就聽由桂花去安排了。

當夜，谷青就孤零零地睡在花廳，整個後院就再無第二個人，過分的寂靜，反倒覺得不自在。他在睡前，曾仔細察看過這後花廳的環境，三面都是高墻圍繞，但墻外都是空地而無人家，墻內則是枯萎的亂草還頂着雪花，看得出來是很久都沒有人整理了。花廳兩側的墻邊，長着兩排高大的梧桐樹，枝榦伸過了墻外去，谷青覺得這是不太妥當的狀況。

據石家看門的老佣人耿瘋子告訴谷青說：自從桂花過門之後，大奶奶就獨個搬到這後院花廳裡住，死也是死在花廳裡的。

這些情況，並不會使得谷青害怕，倒是在白石客棧的一次遇險，才敎谷青提高了警覺。他檢查了一遍，花廳的所有花門和花窗，都把它關得緊緊的，並拉了一張方桌抵在門後面，然後才可以安心地上床睡覺。

谷青初爲石家客，碍於顏面，被巫桂花多灌了幾盅酒，在要上床前，覺得口渴，一看桌上暖籠裡有一隻茶壺，伸手摸一摸，果然還是熱的。倒在茶碗裡，一股淸香，是上好的「龍井茶」，正可以解酒。心想，這巫桂花眞是善解人意，無微不至，難怪石耀仙會着迷。

床上是一條還挺新的錦被，谷青心想該不是大婦遺留下來的吧？摸摸褥子軟棉棉的，眞的是比客棧舒服多了。管它什麼哪！谷青吹熄了燈，一骨碌倒在床上；但這一倒下去，却又聞到了與巫桂花紗巾上那同樣特異的香味，是從枕頭面上散發出來的。谷青受不住了，一氣把枕頭翻轉過來，沒多久就睡着了。

大約在凌晨時分，谷青被門後方桌的滑動聲驚醒，他仔細聽了一下，除了外面的颼颼冷風，和遠處的狗叫聲之外，却又並無其他的動靜，猜想可能是一股强風鼓動了門，門推動了方桌子。他不以爲意，又合上了眼皮。

但就在谷青剛合上了眼皮的時候，忽聽有人輕輕敲打他床邊的窗戶，乃又一驚而坐起。接着就聽到是巫桂花的神秘叫聲，並帶着喘息聲：

「谷大哥！快開門。」

谷青隔着窗紙，再仔細看那窗外的人影兒，更認定是巫桂花沒錯了，他索性又輕輕躺了下去，並故意作出了鼾聲……。

巫桂花又輕敲着窗子叫了兩次，仍不見有反應。谷青只聽她恨恨地低聲罵道：

「眞的睡死了？一睡下去，就都像死猪！」

巫桂花悻悻地去了；谷青再看下窗外，已無人影兒。她所罵的「都像」死猪，當然也包括了石耀仙。

可是，谷青從這就不能再睡得着了，只好睜着眼睛想心事。他想到，如今雖可暫且在石家安頓下來，但土匪對白石鎭的七天限期已過一天了，白家必然是焦灼萬分，由於白家小孫兒被擄去作人質，反而使得全鎭的惶恐之心鬆散了，這更必需要儘快採取行動。他又想到，他對白石鎭的各方面情況，已經懂得差不多了，形格勢迫地使得他隱身於反面境地，雖可便於行事，但也應注意不可妨害了白鎭長的辦事能力，起碼也要先牽制住石耀仙不可再使出壞點子。

谷青想着想着，忽又聽得有人敲窗子，谷青以爲又是巫桂花來挑逗，故仍不予理會。但再聽敲窗子的聲響和指力，却與先前不同，他不由得欠起身來，往窗櫺格上一瞄，才發現窗外的一個女人影兒，不再是巫桂花，而是前額留着月牙，後腦梳着一條大辮子。這可奇了？谷青乃禁不住輕聲問道：

「誰？」

「你是谷青先生嗎？」

「不錯！」

「你是一個人住在這兒？」

谷青聽得這一問，霎時不免有點會錯了意，略一遲疑才回答說：

「嗯！是的。你是誰？」

「我是白鎭長的女兒——白玉婉。」

「哦！」谷青大大感到意外，立即靠近窗戶又問道：「白姑娘！有什麼事嗎？」

「我大嫂的孩子，被土匪擄去了……」

「我知道！」

「你有什麼感想？」

「我覺得這幫土匪，不但可惡，也太無聊，欺負小孩子，連偷鷄摸狗之流都不如！」

「我大嫂心疼的不得了，兩天沒有吃東西，眼看就要病倒了……」玉婉的聲音悲傷了。

「太可憐了！」

「如果你眞的是一個有血性的男子漢，你忍心袖手旁觀嗎？」

「你認爲我是怎樣的人呢？」

「我不知道……」玉婉哭泣了，「但是，我不求你。……我的話，說完了！」

「喂……」

谷青還沒來得及回答，人影兒已經不見了。谷青立即開了窗戶察看，借着地上雪光的反照，看到玉婉的身影，已經攀上了牆邊的一顆梧桐樹，人掛在樹梢下，身子一盪，就越過高牆飄然離去了。

谷青暗想，這丫頭還練過一點兒功夫哩！

八

第二天，石耀仙見谷青心事重重的樣子，獨自在後花廳內踱來踱去，愁眉不展地長吁短嘆，很是不安。石耀仙就故作關懷地上前說道：

「谷兄弟！在這兒還住得慣嗎？」

「唔！」谷青漫應一聲。

「會不會覺得很單調？」

「唔！」

「沒人陪你解悶？」

「唔！」

「要不要出去走走？」

「唔！」

石耀仙又一連問了幾句話，谷青仍然都只是「唔」了一聲。石耀仙心裡有點發毛了，因為他猜想谷青可能是反悔不願爲他出力了。於是，就眞的拉着他往外走，一面說：

「我們出去走走，找點樂子去。」

石耀仙笑呵呵地只爲了討好谷青，而谷青心不在焉地也就隨着去了。

豈料，石耀仙將谷青帶進了「寄香書寓」，卽吩咐楊寡婦開出筵席，要與之飲酒作樂，谷青心裡很不自在，但已却之不及。石耀仙叫來艷妓「一脚踼」，摟抱在懷；隨卽又召來了「小香水」，塞在谷青懷裡。

但是，谷青原不好此調調，況且心中還想着白玉婉所說的話語。因之，對「小香水」的媚功，反應十分冷漠，甚至將「小香水」推在一旁坐着，而獨自飲酒。可是，「小香水」並不肯走開，原因是沙一風還賴在她的房中，正好藉此機會躲開一下。

「石大爺！」楊寡婦用香巾搔了石耀仙一下，「過完了年，你還沒來過哪，你不是把我們姐妹都忘了吧！」

「怎麼會忘呢！這不是來了嗎？」石耀仙又摟住了這風騷出名的老鴇，「你甭抱怨，我的當鋪到今天也還沒有開市哩！」

「都是那些殺千刀的土匪，害得我們什麼生意都沒得做了！」楊寡婦推開了石耀仙，吁了一口氣，「哼！我這兒至今也還沒有開局哩！」

「說得是呀！」石耀仙一攤手，「你們開不成局，連帶我當舖的生意也沒得做了！」

「你大爺有的是錢，還在乎這個。」一脚踢依偎着石耀仙，並舉起了酒盃。

「怎麼不在乎？錢永遠不會嫌多的。」石耀仙又飲乾了這盃酒，「難道你不想大爺多給你一點？」

一脚踢笑格格地又投入石耀仙的懷中。

谷青坐在桌上，雖不曾說過一句話，却在留心聽着他們的談話，而在表面上若無其事，淡然處之。

「我眞不懂，」老鴇又亂發議論，「白鎭長爲何那麼固執，旣然土匪開了價，好歹就籌點錢打發打發，不就沒事了嗎？」

「可就是了，」石耀仙被黃湯加迷湯的一灌，竟得意忘形地亂開黃腔，「二十萬元大洋算什麼，我一個人就拿得出一大半來；可惜我不是鎭長！」

此言一出，谷青立時大爲錯愕。

果然，在另一角吃酒的混混，還有兩個跑堂的小廝，都驚訝地叫起來：「啊？」

石耀仙大言不慚，吹吹牛，倒還罷了，問題就出在那最後一句「可惜我不是鎭長」。而在石耀仙的本意，原只是一句風凉話，用以臭一臭白立軒而已。可是，聽在別人耳朶裏，就完全被認爲是別有所謀了。

谷青也同樣覺出這句話的嚴重性，立卽拉起石耀仙回家。

「你怎麼可以說出那種話來！」谷青直跺脚，抱怨石耀仙。

「我只不過是吹吹牛而已！」

「可是，在這個時候，人心惶惶，那種話是說不得的啊！」

「酒言酒語，不算一回事，沒人會相信的。」石耀仙仍不以爲意。

「可是，你沒看見，旁邊那兩個人，立刻就跑出去了呀！」谷青急得直搓手，「這會兒，恐怕流言就已經傳開了！」

「啊！」石耀仙這才呆住了。

石耀仙的話，的確是無心之失。在當時，他只是信口開河，並因有谷青在旁壯膽，故亦敢狂言而不掩其財富。但這流言蜚語，很快就變成了街談巷議，再加上好事者的穿鑿附會，人們就認定只有讓石耀仙當了鎭長，方可解決當前的危機了。

流言就像生了翅膀，很快就又傳到了白鎭長的耳朵裡。接着，就湧來了一羣盲從的鎭民，在白家的庭院中，吵吵嚷嚷，要求白鎭長莫如讓石耀仙出來解決問題。白立軒面對着羣情的鼓噪，迫於無奈，只好表明了態度，說道：

「只要石耀仙保證眞能做得到，我就願意立刻讓賢，決不含糊！」

羣衆一陣鼓掌叫好，又都湧向石家去。

羣衆要求石耀仙，應立刻與白鎭長當衆談判。

這麼一來，可眞使得石耀仙慌了手脚，只怪自己不該信口雌黃，竟惹來了這大的痲煩。大夥兒來逼他「鴨子上架」，已經是有口莫辯，也已經是不由他分說了。

這時候，谷靑已氣得面孔鐵靑，忽又發現白玉婉也夾在人羣中，對他怒目而視。谷靑氣惱之外，又感到慚愧於心，乃卽抽身獨往後院去了。

石耀仙已六神無主，急得直轉圈子，忽發覺谷靑已不在身旁，他也想開溜，却被巫桂花一把拉住：

「你不要走嘛！」

「我去找谷靑商量。」石耀仙低聲求饒。

「沒出息，在這節骨眼上，還商量什麼！」

「這可不是鬧着玩的啊！」

巫桂花拖住石耀仙不放，竟不知天高地厚的代表着石耀仙，對廳前的羣衆，大聲說道：

「這沒什麼不得了的，請大夥兒告訴白立軒，咱們就跟他談判，讓給我們耀仙來幹好了。」

羣衆又是一陣鼓掌叫好，蜂湧而去。

白玉婉留在最後，恨恨地望着石耀仙。而石耀仙却在暗中連連對玉婉搖手。

但巫桂花竟又點火了：「玉婉姑娘！回去告訴你爹，事情就這麼決定了。」

玉婉一扭頭就走了。

「桂花！你這要害死我呀！」石耀仙已頭上冒汗。

「怕什麼！這是天上掉下來鎮長給你幹，可也是我的福分喲？」

在大夥兒起鬨之下，當天就在白石客棧裡開了談判。大廳內外擠滿了人羣，把石耀仙和白立軒二人，團團圍在當中的一張方桌上。而石耀仙的神色，却比先前穩定下來，似乎已經想好了主意。

白立軒首先發言，語氣是沉痛而懇切的：

「各位鄉親！現在匪禍當前，勒索二十萬銀元，限期只剩四天，大家籌不出錢來，也不可能傾家蕩產，我自愧無力解決，更對不起已經犧牲的鄉團弟兄，旣然石先生聲言，他有辦法可以解決問題，我當然應該立刻退讓。」

會場內隨卽有人鼓掌；但也有人太息。

「但是，」白立軒又加重語氣地繼續說，「大家也都知道，我一向堅決實行的『禁煙』、『

禁賭』、『禁匪』三大主張，決不能改變。」

會場內有許多人鼓掌；但也有人發出噓聲。

白鎮長的這番話，石耀仙心裡最明白，早些年他跟白立軒結怨，就是因爲白立軒堅決反對他開設煙館和賭場，認爲是故意斬斷他的財路。而今，他雖然自知仍不可能達到目的，但已想好主意要拿這難題來作爲脫身之計，又可把談判破裂的責任，都歸咎在白立軒頭上。

所以，石耀仙卽慢騰騰地說道：

「別的條件，我都可答應，而且禁匪也是絕對應該；但是煙、賭兩樣，一定要開禁才行。」

「不！不！」白立軒堅定不移，「這絕對不可以。」

「那我就不幹這個鎮長！」

石耀仙說着，就拉出架子要走，事實上，人羣圍的密不通風，他明知道是走不出去的。

但因此却激起了會場內兩派意見的爭吵，一時不得開交，竟至打了起來，造成一片混亂。何掌櫃的慌忙大叫：「別打！別打！打壞了我的傢具，誰賠啊！」

但沒人理會，仍只顧打個不停。白鎮長見已不可收拾，立卽跳上了桌子，大聲疾呼：

「住手！住手！大家要團結，不能忘了匪禍當前啊！這是同生死，共患難的時候。」

大家這才都靜了下來。有受傷的從地上爬起來，被人架走。

「有人意見不同，我們儘可以繼續談判，請相信我白某人，必會給大家一個滿意的交代。」

白立軒躍下了桌子，但已不見了石耀仙。

就在石耀仙去白石客棧開談判的時候，巫桂花忽覺有機可乘，卽跑去後花廳，糾纏谷青，不惜使出渾身解數，以迷惑谷青上鈎，但谷青始終不為所動，而且情緒也已壞到極點，氣得巫桂花怒摑了谷青一記耳光，伏在床上撒賴地哭鬧不休，弄得谷青十分尷尬，正在難分難解的時候，忽聽心腹婢女跑來報信說石耀仙囘來了，巫桂花這才收掩着衣襟，立卽跑出了花廳，直奔前院。

谷青獲悉石耀仙未能將白鎭長逼下台，心中頗為安慰，但也因此對於白立軒的處境，更感着急，而況對於白玉婉的請託，也還未有行動，怎不耿耿於懷。他再三思量，很想出去走一趟，先將白家小孫兒救囘來才是正理；同時，也很想暫且避開一下巫桂花的糾纏，再作打算。

九

「白雲庵」是座落在離鎮三里之遙的一處丘嶺上，庵內除了大小尼姑之外，還住有幾名俗家弟子的婦女，雖說是入庵帶髮修行，但實在都是因爲各有不同的坎坷身世或不幸遭遇，不得已才到庵內暫求棲身而已。

這晚，妙月師太照例做完晚課之後，卽與弟子們閑談，要求大家應節儉度日，因爲近來又鬧土匪，前一天去化緣很不如意，施主們都惶惶不安，連白鎭長的小孫兒，竟也被土匪擄去了。

梅姑一聽此言，當場就昏倒在蒲墩上。小尼們急忙將梅姑扶起，由妙月師太在梅姑頸後施行指法急救，方見清醒過來，問其原因？

梅姑含着淚說：「不要緊的，只是一時的不舒服。」

妙月師太說：「那你就回房去休息。」

「不，師太！」梅姑抹去了淚珠，「我還想自個在佛堂裡多坐一會兒。」

就這樣大半夜的時間，梅姑是獨個兒跪在佛堂裏誦經不止……。

梅姑是白石鎮的外村人，生得雖非花容月貌，可也頗具姿色，家境亦頗不錯，但就是不肯嫁人，而其家人竟亦遂其心願地將之送入白雲庵，只允其帶髮修行。可是，一住就是五年多了，仍不肯回家還俗，鄉里親友均感惋惜。而其父母却仍由着梅姑的主意，並爲此給白雲庵捐了不少的錢物。然後，這一家人就遷居他鄉，不知去向，村人都不知是什麼原因？

次日晌午，鎮上吳大娘來看望梅姑，這原本是常事，妙月師太在齋堂招待她，並囑小尼去請梅姑來；可是，這次不知怎麼的，梅姑却不肯出來見面，托詞說身體不舒服。吳大娘不甘願空跑一趟，說定要跟梅姑見一面，又囑小尼第二次去請，但梅姑還是不肯出來。

吳大娘見不到梅姑，直是唉聲嘆氣，妙月師太頗爲納悶，問吳大娘說：

「有什麼事嗎?我可以替你轉達。」

「沒事，沒事。」

吳大娘一迭聲地說沒事，臉上却仍現出憂傷的神色，妙月師太自然是看得出來的，就又說道：

「你是常來常往的，這會兒梅姑眞的是身子不爽，你就下次再來吧！」

「也好。」吳大娘無奈何地點着頭。

於是，妙月師太留吳大娘吃過了齋飯，就回去了。

吳大娘回到鎮上，不曾回自己家，却直奔白鎮長家的秀鳳房中，兩人低聲細語地談着話，整個下午就沒有出房間。

白鎮長好生奇怪，就叫玉婉來。

「玉婉！你去告訴吳大娘，別太煩擾秀鳳，應該讓她多淸靜。」

「不會的，」玉婉若無其事的樣子，「在這時候，也只有吳大娘能够寬慰我嫂子。」

「唔?!」白鎮長半信半疑，「那是怎麼呢?」

「我是說，」玉婉心眼兒很靈活，「吳大娘能說會道，只有她才會說得出許多的安慰話。」

「嗯，那就讓她們多談談也好。」

「不過，也談得够久了，我去看看。」

玉婉也去了秀鳳房中。

在石家的谷青，心中猶如油煎火燎，坐立不寧。他再也不能忍耐，終於向石耀仙提出了要求：

「石掌櫃！我閑得很無聊，想出外兩天，去看看朋友。」

「啊！不行不行。」石耀仙一聽就連連搖手，「在這個當口，你怎麼能離開，我們的貨物，就快到了呀！」

「不會誤事的，我會很快趕回來。」

「那也不行，萬一你不回來了呢？」

「笑話！」谷青臉色一沉，「我怎會是那種言而無信的人？再說，如果我要走，誰也攔阻不了我！」

「谷兄弟！你別生氣，」石耀仙滿臉陪笑，「我的意思是說，外面很不平靜，萬一你在外面發生了什麼枝節，豈不是躭誤了我們的大事？」

「我不怕什麼；怕也就不會來到此地。」

「我知道你是藝高人膽大，但是，在我們的大事還沒辦，就犯不上出外招麻煩，土匪是不講情面的。」

谷青心想，這石耀仙眞是自私自利到了家，處處都爲他自己的利益作打算，如果是出去爲他採貨保貨，他就不會顧及我谷青有任何危險，只爲目的而不惜任何手段，其平常爲人處世如何，也就可見一斑。趁此機會，不妨再試探他對土匪的情況，是否確有瞭解。於是，谷青問道：

「你可知道，這一帶的土匪，都是什麼來頭？」

「哦！說來話長，」石耀仙要表現自己的老練，「我可比白立軒知道的多了。」

「說說看。」谷青裝作一無所知的樣子。

「在黑水嶺的一股土匪，大當家的名叫單虎臣，缺了一隻眼，綽號又叫『單打一』，心狠手辣，兇殘成性，殺人不眨眼，聚集有匪徒二百多名，擁有雜牌長短槍大約一百多支。……」

「這次揚言要血洗白石鎮的，就是他們這一夥？」

「不錯，擄去白家小孫子的也是他們。」

「那另外還有一股的土匪呢？」

「另外，就是旋風口山上的一夥了，人數和槍支，也跟黑水嶺的差不多，頭目名叫郝老四，原來是清朝末年的一名逃犯，後來又被北洋政府拿獲下獄，受過酷刑，就是死不招供！」

「他跟黑水嶺方面有連絡嗎？」

「不，他跟單虎臣合不來，但也互不干犯。所以，這次單虎臣又要打刼白石鎮，郝老四還不曾有何動靜。」

「郝老四就沒有打刼過白石鎮嗎？」

「沒有，一次也沒有。」石耀仙語氣很肯定，「只不過每隔兩年，就來討索糧食和布疋，數目也不大，給了他就沒事了。」

「所以，單虎臣看不起郝老四，駡他不成個東西。」

「哦！原來你也知道？」石耀仙愕然。

「知道一點。」

谷青不願再多談，遂卽起身囘後院花廳去了。

其實，石耀仙所知道的土匪情況，不但不比谷青多，也並不比白立軒多。

到了夜晚，谷青又是輾轉反側不能成眠；他直在想，土匪的限期只剩下兩天了，不但二十萬元銀洋絕對辦不到，即使減到一半也是籌措不出來的，看樣子，白鎮長只有拼下去一條路可走了。可是，萬一抵擋不住，被土匪衝了進來，那時候豈不是全鎮都遭了殃嗎？而白鎮長的小孫兒，也就更沒得救了，又怎對得起玉婉姑娘的一番夜訪請託呢？這該如何是好！

情勢已如此迫切，谷青越想越覺得燃在眉睫，焦在心頭，不能不下決心採取行動了。至於石耀仙的約聘利誘，那根本不是谷青來這白石鎮的目的。

谷青想着心思，剛要合眼，忽然聽到有什麼東西刺在窗格子上，再仔細聽下去，却又並無其他的聲音了。谷青想了想，斷定決不是巫桂花，也不會是白玉婉，乃起身開窗一看，赫然是一支飛刀帶着一封信插在窗上，他即拔下刀來，又關上了窗，掌起燈來看信，竟是單虎臣具名發來的「請帖」，邀約谷青去黑水嶺一敍，而所訂時間則迫在明天的日落以前。這一招，可使得谷青楞住了。

他看着手中的大紅帖子，心裡在想，這分明是單虎臣給他的催命符，不去就不是好漢，勢必立刻離開白石鎮；去了就生死難卜，而凶多吉少。雖然他原已下了決心要有黑水嶺之行，但在出其不意與對方已有準備的兩種不同情況下，那就不免有些疑慮了。但是，情勢擺在面前，已不容他退縮，明知爲龍潭虎穴，亦只得去闖了。

再一回想，土匪居然能在鄉團的嚴密防守中混進白石鎭，把白家的小孫兒擄去了，而今竟又能在深夜對他飛刀傳書，足見必有內線臥底——這暴露了白石鎭的弱點，白鎭長不曾清鄉防奸，實在是一大疏忽，反而只疑忌他這樣明來明去的人，豈不可笑！

一〇

谷青一夜不曾好睡，在打定了主意之後，才得進入夢鄉，以致於天已大亮，他還沒有醒來。

石耀仙慌慌張張跑來敲門，谷青披衣起身開門，但見石耀仙抖顫着嘴唇說：

「不好了！我們的那批紅蔘，在中途被刼走了啊！」

「你怎麼知道被刼走了？」

「你別管我怎麼知道的，反正消息不會錯。」石耀仙急得直跺脚，「那本來是要立刻轉運到濟南去的，現在全完了呀！」

「可是，你還沒有告訴我，何時要去接貨！」

「是啊，我也並沒有怪你，因爲貨到了我們地界，比約定時間提前了一天，不料就遭刼了！」石耀仙幾乎要哭了出來。

「那要我怎麼樣呢？」谷青有點同情。

「據報信的人說，可能是『單打一』的手下幹的，無論如何，請你務必幫這個大忙，快點趕去黑水嶺，把那批貨給討回來。」

谷青不言語。

石耀仙更急了：「我們可是有約在先啊！」

谷青仍不言語。

「喂！我的大爺，」石耀仙這時候又叫大爺了，「你可不能反悔啊！有什麼條件，你只管說？」

谷青只是悶聲不響地在穿衣服，石耀仙急得在他身邊直打轉。

佣人送來了早餐，谷青揩了一把臉，即坐下來不慌不忙地吃着。這時候，石耀仙坐在一旁，已開始兩腿發抖，頭上冒出了冷汗。

好不容易等到谷青吃完了，石耀仙剛想要再說話，谷青却已站起身來就走了。石耀仙急忙上前拖住：

「大爺！你要去那裏？」

「去追貨呀！」

石耀仙立即放開了手，並一迭聲地說：「對對對！快去，快去！」

谷青獨自到了客棧，即直奔馬廐備馬。何掌櫃跑來問道：

「怎麼?你要走了!」

「我還要回來。」

「那你去那兒?」

「黑水嶺!」

「啊?」

何掌櫃一驚,幾乎暈倒,還沒來得及再問話,谷青已經上了馬,飛奔而去。

全鎮立時傳開來,谷青去了黑水嶺。

谷青出了園子沒多遠,忽從樹林裡躍出一匹黑馬,橫在路中間,谷青急忙勒緊繮繩,但因速度太快,胯下的青鬃馬,一聲長嘯,前蹄直立了起來,只差一臂之隔,就要撞上了黑馬。谷青大叫:

「快閃開!」

騎在黑馬上的一個年輕小子,把頭一低,兩腿一夾,才得從青鬃馬躍起的一雙前蹄下,鑽了過去,閃避在路旁,不禁抹了一把冷汗。

「你找死!」谷青氣極了。

「你才找死!」聲音卻像女人。

谷青一怔，覺得很耳熟，但見對方一身黑色的短襖長褲，頭上戴了一頂特別龐大的黑氈帽，而眉目十分清秀；再仔細一看，谷青笑了：

「哦！原來是你。」

「姑娘我長了這麼大，還沒人敢這樣罵過我！」

「玉婉姑娘！對不起，方才實在太危險了，萬一撞上了，恐怕你就沒命了啊！」

「我沒命，你也活不了！」

「幹嘛你要攔阻我？」

「我高興！」玉婉把眉毛一揚，故意撒賴。

「你知道我要出來？」

「誰管你！」玉婉扭頭不睬谷青，「我是一大早出來蹓馬的。」

「剛巧看到了我，就不肯放過我，是嗎？」

「你明白就好！」

「難道你不願意我去救小寶貝？」

玉婉一愕：「唔？」

「怎麼，你不相信？」

玉婉勒着馬，繞着谷青看了一圈，有些疑惑地問道：

「你就是這樣空着手去?」

「我帶不動二十萬塊現大洋呀!」

「別打哈哈!」玉婉的神情,變爲關心了,「你手無寸鐵,不怕單虎臣宰了你嗎?」

「四馬帶單槍,就能保得住不死嗎?」

玉婉默然,不知說什麼才好。

「黑水嶺有十面埋伏,不是可以硬闖的,」谷青立時嚴肅起來,「能進得去,也就沒打算活着出來。」

「谷青!」玉婉十分感動,「就只爲了我的一句請託,萬一你回不來,敎我如何對得起你!」

「不,這不完全爲了你,我還有別的事要辦。」谷青拍一拍馬頸,準備要上路,「玉婉姑娘!你也用不着感激我,不論成敗,也請你不必說出去我對你有過任何承諾。」

「我知道,這是誰都沒有把握的。」玉婉感傷了。

「但願無負所託。再見!」

谷青兩腿一夾胯下的青鬃馬,這馬兒竟未起跑,却走向玉婉的黑馬而互相交頸依偎,狀至親暱。

玉婉覺得奇怪。

谷青說道：「你的這匹『黑狐』，是牝的。」

玉婉恍然，立時羞得臉上飛紅，勒轉馬頭，往身後猛揮一鞭，飛奔回去。

鎮內都在議論紛紛，除了石耀仙之外，無人能知谷青去黑水嶺是幹什麼。玉婉不便多說，就回家去了。

白鎮長亦正在猜測谷青的行動，玉婉說道：

「爹！依我看，他可能是去救小寶貝。」

白立軒搖頭不相信。

趙善任則說：「依我看，恐怕是有去無回了！」

玉婉瞪了趙善任一眼。

沙一風聽到了風聲，這時忽然跑回白家來了，一進門就理直氣壯地說：

「白伯！我說谷青不是什麼好東西吧？現在你看，他果然逃回黑水嶺去了！」

「你還有臉來見我！」白立軒又氣上心頭。

沙一風見勢不妙，立即又開溜了。

一一

一匹名駒，快如流星。

朔風凛冽，夕陽西下，好一匹青鬃駿馬，已將谷青帶到了黑水嶺下。層層關卡，聽任他長驅直入，竟不曾有誰攔阻他，但這已在谷青意料之中，他鎮定無驚，只管策馬前行。嶺上的一座大廟，就已在望了。

谷青在廟前下了馬，仍不見有人；但一進廟門，即見四面都是槍手，正對準着他。谷青冷冷一笑，拍拍腰，伸出空空的兩手，那些槍口才都收囘去了。

大廳前的石階上，站着一個獨眼的怪物，兩手叉腰地對他虎視眈眈。谷青一望可知，那必然就是單虎臣了。

谷青不曾遲疑，亦面不改色，即走上前去，一拱手說道：

「在下谷青！」

「請！」單虎臣一揮手。

谷青當卽隨之進入大廳，坦然落座。

「看酒！」

單虎臣一聲吩咐，手下立卽捧上兩大碗的烈酒，分別奉在他二人手中。

單虎臣又說了一聲：「請！」卽舉起酒碗作勢要飮，但瞄見谷青碗到唇邊却不動了，單虎臣乃哈哈大笑，立卽與谷青交換了酒碗，並先自一飮而盡。

可是，當谷青跟着也要飮酒時，單虎臣却又大叫一聲：

「慢着！」

谷青愕然而止。

單虎臣卽將谷青手中的酒碗收回，一下潑在地上，但見「卜」地一聲冒出了青煙。

谷青一怔，不禁打了個冷顫。暗想，好狡詐的傢伙！

但是，單虎臣竟而得意地又大笑一聲說：

「小心了！」

「多謝你大當家的，如此盛意接待。」谷青也一聲冷笑。

「方才失禮了，」單虎臣假意地一拱手，「閣下總算是我單某人下帖子請來的呀！」

「下帖子？」谷青忽兒要以詐還詐，「這就奇了，在下可未曾收到你的什麼帖子啊？」

「馬子！」單虎臣果然被激怒了，對着𪙛臉的二當家直吼，「這可是趙腿子辦的事？」

馬子神色一驚，急忙在暗中搖手，單虎臣這才警覺自己失言，但斜視了一下谷青似乎並未在意，也就不再計較。其實，谷青已經記在心裡了。

單虎臣半信半疑地問道：

「敢情是閣下自己要來的？」

「特來拜山！」

「你想踩我的寨子？」

「決無此意。」

「諒你也不敢！」

「這話可就過分了。」

「如果不是我們會錯了意，你早已死在第一道關卡上！」

「何妨再試試看？」谷青故作驕狂。

但是，單虎臣已提防不再被谷青激怒，反而耐着性子又問道：

「你眞的不怕？」

「怕者不來！」

「來者不善嗎？」單虎臣驀地站起，「有何貴幹？」

「兩件事，」谷青穩坐不動，「討個公道。」

「說！」

「婦孺無辜，更不該擄人遺孤！」

「只作人質罷了！」

「以大欺小，豈不貽笑江湖？」

「銀洋交來，自然放人！」

「人在何處？可否一見？」

單虎臣一扭頭，手下卽將白家小孫子抱出，掙扎哭叫不止，谷青急忙起身迎了上去，但被單虎臣一個跨步擋住，孩子卽又被匪徒抱走了。

谷青只好暫且忍耐，又坐了下來說道：

「我想見一見這廟的方丈。」

「你是說，這廟裡的和尚嗎？」

「不錯！」

「爲何要見？」

「爲了要細心照護這個孩子，在下想有所拜託。」

單虎臣哈哈大笑說：「已經被我統統趕走了！」

「這對出家人太過分了！」

「出家人原應雲遊四方，何必要廟！」

「你不該獨霸這一方！」

「此話怎講？」

「七年以前，你已經洗刼過白石鎭，不該再有這第二次。」

「肥羊不倒胃口，」單虎臣陰森一笑，「這都不關你的事，何必揷手！」

「也還有我的事，」谷青把臉一沉，「在下保了一批貨，被你們刼了！」

「什麼？」

「紅蔘！」谷青拍案而起。

「啊！這話從何說起？」單虎臣一臉的茫然。

「眞的沒有嗎？」

「笑話！我單某人敢做敢當，還怕你不成！」

谷青悶住了，對單虎臣察言觀色，已可斷定他的確不是隱瞞，因而不免有些兒尷尬，一拱手說：

「對不起，告辭了！」

「慢着！」單虎臣火氣來了，「你當這兒是什麼地方，能由得了你，要來就來，要走就走！」

「你要怎樣?」

「兩條路，由你選，」單虎臣小刀子插在桌面上，「劃一滴血，我收你入夥。要不然……」

「又怎樣?」

「你馬上離開白石鎮!」

「這就是你要我來的目的?」

「不錯!」

「如果這兩條路我都不走呢?」

「那你就別想活着回去!」

「我是來拜訪你的客人。」

「我不承認!」

「你不可不講道理。」

「放肆!」單虎臣一拍桌子，「眞人面前別說假話，天下不會有第二個黃天覇!」

「你又怎比得了寶寨主?」

單虎臣被罵火了，大吼一聲：

「拿下!」

周圍的匪徒，立卽舉槍逼近谷青。但谷青兩手一拍，笑笑說：

「你如此對待一個手無寸鐵的人，可又算得了什麼英雄好漢?」

「也罷！」單虎臣臉紅了，「那就到外面見個高下。請！」

谷青只得隨着單虎臣出了大廳，但見已有八名彪形大漢，站定在院中。谷青無話可說，一個跟斗就翻落在核心，轉動身子環視四周，心理已經有了譜兒，但却又閉起了眼睛，似乎在運氣行功。

「上！」

單虎臣一揮手，八名手下一湧而上，對谷青展開了一場生死的搏鬪，輪番夾攻。

但見谷青在重圍中，拳脚快如閃電，每一招，都打在對方的要害上，不消一刻時辰，單虎臣的這八名打手全都躺下了。

谷青面不改色，對着站在石階上的單虎臣，一拱手說道：

「討教了！」

谷青轉身就往外走；單虎臣已氣得「六」竅生煙，狠狠地對身邊一名槍手，使了個眼色。

那槍手立即從腰間掏出短槍，對準谷青的後腦就開了一槍；而谷青很像是與槍手的指頭有根線連着，就在這一刹那，谷青同時同聲的撲倒在地上，不動了。

單虎臣哈哈大笑……

冷不防，谷青從地上一躍而起，倒翻了一個跟斗，再回身一聳，又挺立在單虎臣的面前了。

這時候，單虎臣的笑容，也就僵在了臉上。

原來，谷青向外走時，就已對單虎臣的兇險性格有了警覺，而從面前一名匪徒的臉上，察覺背後有了危機，那反應之快，是本能的，也是神奇的。

「單虎臣！」谷青直指着對方的鼻子叫駡，「你在人背後打黑槍，這種下流無恥的勾當，你要不要江湖上都知道？」

單虎臣羞得無地自容，幾乎不敢正視谷青。身邊的那名槍手，却拎着槍在發呆。

「單虎臣！」谷青不甘休，「當着大家的面，你能作個解釋嗎？」

單虎臣已氣得說不出話來，反手奪過開槍者手中的一支短槍，不由分說地就將這名槍手打死了！

匪徒們都駭然失色，因爲都曾看見是單虎臣授意打黑槍，反而又親手將聽命行事的一名槍手打死，只圖爲自己遮羞脫責，怎不使得所有手下都爲之心寒！

單虎臣也已覺察到手下們的不平反應，但已無可挽回，只好對谷青揮揮手，以低沉地聲音說道：

「你請吧！」

「沒那麼簡單！」

谷青的這句回答，大出單虎臣的意料，臉上一楞，神色眞是不解。

「我可不是這廟裡的和尙，由着你趕進趕出。」谷靑兩手交揷在胸前，悠悠地說：「這會兒，我又不想走了！」

「啊？」單虎臣着實驚訝，「你想怎麽着？」

「我要留下來，」谷靑說得輕鬆，「想做這兒的大當家。」

匪徒們一陣譁然。

單虎臣已被激怒得全身顫抖，額頭冒汗，他一氣脫下了厚厚的羊毛皮襖，狠狠往地上一摔，咬牙切齒地指着谷靑說道：

「姓谷的！你莫要欺人太甚啊！」

「除非你答應我一個條件。」

「快說！」

「白石鎭籌不出錢，我要你把限期再延後七天。行嗎？」

單虎臣一怔，想不答應，但感眼前的這個尷尬局面又無法化解，彆了好一陣子，臉孔脹得通紅，才迸出了一聲：

「行！」

「謝了！」

谷靑一拱手，轉身就又往外走。

在谷青的想法：既然這次救不回白家的小孫兒，莫如把時間暫且拖後，再作打算；也好讓白石鎮緩口氣，有個安排，他自己亦算不虛此行了。

但在單虎臣的心眼裡，却又是一次狡詐，他已打定主意，不會讓谷青活着走出黑水嶺，在半途就會被撂倒了。他那諾言，也就不會被帶回白石鎮。

谷青出了廟門，竟不見了他的青鬃馬。

單虎臣也跟着出來了，冷笑一聲說：

「你踩了我的寨子，應該削了你的馬蹄！」

「你！」谷青一驚。

「你不要緊張，」單虎臣自認又佔了上風，「可是，我喜歡你的馬，就要把牠留下了。」

「這敎我如何趕路？」

「你可以走路啊！」

谷青心想，這個土匪頭子是眞够陰險的，倒要應該再給他吃點苦頭。於是，卽裝出無可奈何的表情，說道：

「罷了罷了！只要我這匹馬也喜歡你，就算是我送給你的一份薄禮罷了。」

「當然會的，」單虎臣十分坦然，「我在江湖上混了半輩子，什麼好馬沒見過！」

「請當面試過！」

「這簡單！」

單虎臣一招手，卽有一名匪徒悄然從屋後把馬牽了出來。單虎臣捲起了袖子，從馬頭到馬屁股，都輕輕地拍撫了一遍，馬兒甚是文靜，四蹄一動也不動。

單虎臣非常滿意，一躍身就跨上了馬鞍。豈料，這馬兒立卽畢直地站了起來，並連番不停地猛烈轉動着跳躍，嘶聲震撼了山谷，四面響起了回聲，匪徒們都着了慌，但又無法靠近，單虎臣吃不住這樣平直的震動，就被摔了下來，跌得很是不輕，五十歲的人了，一時爬不起來，匪徒們都急忙上前去攙扶……。

就在這當口，谷青從馬後聳身一躍，跨上了馬鞍，飛奔而去。一眨眼間，已出了山套，轉過一條彎路，就再也看不見了。

二二

谷青離開了黑水嶺，馳騁了大約兩個多時辰，夜色已濃，人馬都已飢餓困乏，實在不能再走動了。好不容易才找到了一家野店，谷青就在這兒打尖。

野店裡只有一位老蒼頭，以奇怪而又驚恐的眼光，在一盞油燈下，看着谷青直搖手。

「老伯！你不用怕，我是過路客，只想找點吃的，我會多給你飯錢。」

「哎喲！大爺，」老頭喟嘆一聲，「半個月都沒見人影了，那還有生意做，小店已經乾了灶了呀！」

「那就把你吃的什麼東西，賣給我一點好了。」

「不成，」老頭又連連搖手，「高糧窩窩頭，乾巴巴的，你吞都吞不下喲！」

「那正合意，」谷青故作歡喜，「我就是吃窩窩頭長大的哩！」

「你別說笑話了。」

「是眞的，」谷青實在太餓了，「快去拿來！」

老頭拗不過，只好去了。

桌上有一把茶壺，谷青掂一下，是半滿的，卽取過茶碗，連喝了三碗，冰得牙齒都發麻了。

老頭端來了一盤五個窩窩頭，黑得像下了霜的牛糞；另外一小碟醃菜疙瘩頭，也黑得像羊屎蛋。

谷青望了一眼，就已經打嗝了。但實在飢餓難忍，抓起一個窩窩頭就咬了一大口，而這第一口就嚼不下去了，只聽老頭在旁太息了一聲，谷青反不忍使他失望，就故作津津有味地吃起來。

「唉！可眞委屈你這位大爺了，」老頭轉身要去，「我去給你燒壺熱茶。」

「不用了，」谷青口裡嚼着東西，「這兒有一壺就行了。」

「那是昨兒個用雪水燒的，早已經冰冷的。」

「沒關係，我已經喝過了。」谷青起身望了一下拴在門外的馬，「麻煩你，好好餵一餵我的馬。」

「成！」老頭這次答得很爽快，「很久沒有過客，就只草料還多着哪！」

老頭立卽去牽馬，轉到後面去了。

谷青邊吃邊想，算算路程，此去白石鎭，將會是下半夜了，豈不要引起驚擾，莫如就在這野店暫宿一宵。他覺得這小店的情況，應該不會有問題。

自從谷青去了黑水嶺，白石鎭就又開始謠言滿天飛，那都是趙善任散佈的，再加上好事者的繪聲繪影，傳來傳去又都變了樣，先是說谷青逃回黑水嶺，就要帶土匪再來打白石鎭，因爲限期已到；隨後又傳說，因爲谷青與巫桂花有染，被石耀仙挾恨騙往黑水嶺去送死，羊入虎口已經是死於非命；最後又謠傳，谷青在半路上就已被人宰了。

石耀仙聽到任何一種謠言，都覺得很不舒服。但是，巫桂花聽到與她有關的流言蜚語，不但不生氣，反而覺得有了某種潛意識的滿足。

次日，已經是限期的最後一天，人心和天氣一樣都是陰沉沉的。快到晌午時分，仍不見谷青回來白石鎭，人們不但開始相信谷青已命喪黑水嶺，又更加恐懼末日的來臨。街頭上聚集着人羣，議論紛紛，還有人準備要逃離白石鎭。

忽然，傳來一陣飛快的馬蹄聲，接着就有人大嚷大叫：「谷青回來了！」

轉眼之間，卽見谷青的飛騎，直奔白石客棧而去，人羣一波又一波地也就開始湧向白石客棧，去看個究竟。

谷青吩咐馬伕給馬加水加料，但不要卸鞍，卽拉着何掌櫃的進了房間，關起門來密談。

客棧外已圍滿了驚惶不安的人羣，都在猜疑谷青和何掌櫃的談什麼呢？

石耀仙又慌慌張張的跑來了，一聽人說谷青正在房間裡與何掌櫃的密談，心裡就非常悶惑，谷青是他派去辦事的，回來了不立刻去見他，爲何要先與何掌櫃的密談？石耀仙心裡有鬼，突然感到事態嚴重，就要衝進房間去，但被守在房門口的店小二擋住了。

「石大爺！誰都不能進去。」店小二張開了兩臂，緊貼在門上。

「讓開！」石耀仙擺出了威嚴。

「我們掌櫃的有交代，」店小二很神氣，「小的不敢馬虎，你發我的脾氣沒有用！」

「你告訴他們，是我來了！」

房門突然開了，何掌櫃的悶不作聲地走出來，與石耀仙一個照面，沒說什麼，就一逕向外走。石耀仙亦不及向何掌櫃的問話，卽刻進入房間，也把房門關上了。

圍在客棧內外的人羣，有些追着何掌櫃的去了；有些仍留着不動，要看石耀仙又跟谷青做什麼？

在房間裡，谷青告訴石耀仙，黑水嶺並沒有刼去那批紅蔘，絕對不假。石耀仙乃又推測，那必然就是旋風口的人幹的了。谷青也認為有此可能，因爲在這地界，就只有黑水嶺與旋風口兩股土匪，絕沒有第三夥人能幹這種事。石耀仙更加焦急了，生怕多一天躭擱就會出了大紕漏，乃卽央求說：

「谷大爺！你就趕快去旋風口啊！」

谷青沉吟不語。

「萬一追不回這批貨，貨主可就會追來找我的麻煩啊！谷大爺……」

「我不想去了。」谷青仍在沉思。

「啊？」石耀仙一怔，「在這緊要關頭，你千萬不能打退堂鼓啊！」

「我還有別的重要事要辦，」谷青神色凝重，「所以，請你多包涵，我想辭掉你的差事不幹了。」

「啊呀！」石耀仙差點沒昏倒，「現在是要救我命的時候，我的谷大爺！你要多少錢，我都答應。」

「什麼話！」谷青不高興，「我谷青豈是那種人？」

「對不起！」石耀仙直作揖，「無論如何，都請你幫忙；你也答應過，保我這批貨。」

「好吧，」谷青又只好點了頭，「我就只再跑一趟旋風口，成與不成，咱們就兩拉倒；因為丟貨的責任，原不在我！」

「行！」石耀仙只求救急，「咱們就這麼決定，你趕快上路吧！」

在谷青的想法，單虎臣已經承諾將限期延後七天，他跑一趟旋風口，往返至多兩天，也還有五天時間好為白鎮長助一臂之力。

谷青首先出了房間，圍在外面的人羣，都神情緊張地後退。石耀仙却又板起了面孔，大聲呵責說：

「你們不知死活，看什麼熱鬧，還不都趕快回家去！」

人羣一哄而散。石耀仙亦卽出了客棧。

谷青在馬廐，檢視馬的情況十分良好，草料也已吃飽，賞了馬伕一塊銀元，正準備要上路，忽見玉婉姑娘跑來了。

玉婉以感激的眼神，凝視着谷青，但也對谷青牽馬要走的動作，覺得奇怪。

谷青揮走了馬伕，說道：

「玉婉姑娘！我很抱歉，給你失望。」

「不！你已經盡了力，」玉婉撫摸着馬鞍，「方才何掌櫃的，都已經對我爹說了。」

「好在還有時間，我會再想辦法。」

「你現在又要去那兒？」

「旋風口！」

玉婉一楞：「去旋風口做什麼？」

「我另外有事。」

「可是，我們這兒……」

「我會儘快趕回來的。」

「旋風口也不是好惹的，你要留點神。」

「我知道，」谷青上了馬，「你快回家去，以後別再跑來看我。」

谷青一揮手，緩緩而去。

在白家書房裡，白立軒與何掌櫃的仍在密談。白立軒思思索索地說：

「谷青居然能吃得住單虎臣，把限期延後七天，眞是不可思議?!」

「依我看，谷青的話，決不會假。」

「可是，他說趙善任可能替土匪臥底，這話恐怕就不可靠。」

「那單虎臣口裡所說的趙腿子，又會是誰呢?」

「恐怕是谷青聽錯了，」白立軒很自信，「我不能懷疑趙善任，他跟我這麼多年，我待他也不薄，他還想什麼哪?」

「常言道，知人知面不知心，也不可大意了。」

「我倒是懷疑谷青還有問題，」白立軒的固執性格，又使在這上面，「你想，既然他能吃得住單虎臣，爲何沒能把小寶貝給救回來?」

「呃?白爺這話也不無道理!」

何錫義的毛病，就在說話容易隨風飄，或許是因爲他經營客棧太久了，日常要應付各色人等，尤其是對於不關自己的事兒，則更是敷衍順應成了習慣，卽使是前後矛盾，他也不當一回事。

故而常時被人罵爲「和稀泥！」

如今，白立軒被何錫義一順應，就又忽然有了進一步的猜疑，說道：

「哦！他們會不會是故意演雙簧？」

何錫義聽了，腦筋一下還沒轉過來，想了想才說：

「我看不像，否則，谷青又何必要你趕快向外地再招募鄉團呢？」

「嗯！」白立軒點頭沉思着，「這倒也是一番眞心話。不過，我還是想不通，他究竟是在幫着那一邊呢？」

「可是，單虎臣差點殺了他！」

「誰也沒看見，」白立軒搖下手，「而且，在他那邊，還有個石耀仙！」

趙善任忽然從外面跑回來說：

「白爺！谷青又去了旋風口！」

「啊？」白立軒與何錫義，都不禁同聲一驚。接着，何錫義就自言自語地說：

「奇怪？他剛才怎麼沒有告訴我這個！」

「哼！你還說他把你當作自己人，現在好了，又是一個悶葫蘆？」白立軒又失望了。

何錫義說：「難道旋風口有他的朋友？」

趙善任眼睛眨巴了兩下，就又悄悄溜走。

一三

從白石鎭去旋風口，比去黑水嶺的路程，還要遠一些，而且更較爲接近了海濱。

儘管谷青的馬跑得快，仍在日落時分才趕到了那兒，而一到口上，就被守寨的匪徒堵住了，把谷青搜了身，留在卡哨裡。

谷青要求快些見他們的大當家的郝老四，卡哨小頭目說要先派人去通報，得到了允許方可上去，但這一上一下，少說也得兩個時辰，谷青等不及，甘願以生命作賭注，決不讓卡哨擔負任何責任，並立下了切結書。小頭目這才勉强派了一名手下，帶領谷青上山去。

山徑崎嶇難行，且多險峻陡峭，谷青只好牽着馬步步攀登，在夜色蒼茫中，一脚高，一脚低，隨時都可能會跌下山谷去。

到了半山腰，狂風就開始在上面旋轉呼嘯，幾乎要把人吹跑，谷青直覺得寒氣透骨，先前身上出的汗，就好像在衣服內結了冰，冷得他有點受不了；忽又覺有沙粒打在他的臉上，用手一摸，才知都是小冰點，落在衣領內就溶化了，更感到有一陣一陣的刺癢難熬。

帶路的小子，不時回頭看，停下來等谷青；但谷青對這山徑小路實在不習慣，生怕在黑夜中連人帶馬跌落深澗。可是，又不甘落後被那小子譏笑，只好低着頭拉馬向上衝，漸漸地才愈走愈快，但只一步沒留神，谷青「啊呀」一聲，滑落懸崖了。

帶路的小子回頭一看，谷青正抓緊着繮繩吊在半空中，不禁失聲大叫：

「不得了！不得了！」

谷青沉下氣，回答說：「你不要喊叫，離開我的馬，我自會有辦法。」

小子立刻躲開了。

但見谷青的馬，四蹄挺直地蹬在地上，馬身子向後傾，馬頭使勁地向上抬起，就像一匹石雕的蹲馬，穩住不動了。這時候，谷青似乎從繮繩上也感覺到了，才開始慢慢向上爬，但脚尖碰到的都是滑溜溜的冰塊，使不上勁，他只好身子貼在懸崖上，單憑臂力攀着繮繩，一把接一把，才得爬了上來。

「好險啊！」帶路的小子嚇慘了。

谷青雙手摟抱住馬頸，頭也貼在馬身上。

「快走吧！前面沒多遠了。」小子催路。

雖說沒多遠，但又走了大約半個多時辰，谷青忽覺天光一亮，不由得駐足抬頭一看，只見四面各個山頭上都是白雪皚皚一片；再回頭往下看，則是一片雲海，已看不見來時的路徑了。

帶路的小子，長長地吁了一口氣，告訴谷青說：

「前面就是『天風寺』了。」

谷青跟着又走了一段更陡峭的山路，豁然郎見一塊平原，中間矗立着一座巍峩的廟宇。走近時，聽到廊簷下有許多支風鈴叮噹作響，特別的清脆悅耳。他這才恍然想起，神話小說裏的雲霄九閣，該是一種什麼景象！

谷青被帶到這座大廟的右側門，要他暫且在外稍候。立郎跑出來一名小廝，牽走了他的馬。谷青挺立在山風中，舉目四望而沉思，心想這旋風口的形勢，要比黑水嶺險峻得多了，而從旋風口山下卡哨的匪徒們身上，已可察覺出還保留着一點鄉土氣；不像黑水嶺的那些傢伙，個個都是獐頭鼠目，給人看了就厭惡。

不一會工夫，帶路的小子又出來了，領着谷青從側門進入了右跨院。

那是一間小廳堂，堂內沒有神像，但燈火通明，出迎者是一位穿着長袍的人，神態相當文静，面目也頗清秀，年齡亦跟谷青差不多。但帶路者却介紹說：

「這是我們二當家的。」

谷青反倒覺得他不像，但也只好立刻先報上了自己的姓名。可是，這二當家的却並不自通姓名，只說道：

「你要見我們郝四爺，恐怕他現在沒有空喲！」

谷青以爲是拒絕會見，立卽回答說：「不！在下是一定要見，而且是希望能馬上見到。」

這二當家的，嘴角笑了笑，說道：「好吧！請跟我來。」

這二當家的，引領谷青走過了幾處廻廊，到了大殿邊的拱門前，卽停止了脚步，用手向殿內一指，谷青一看，大殿裏有一羣和尙都正在閉目打坐，中間是一位白眉低垂的老僧，身披紫紅色袈裟，想必就是這廟裏的大法師了。

但谷青又發現，在大法師的後面，却有一位便裝的俗家人，也在閉目打坐，年約六十歲，留着山羊鬍子，頭頂却是光得發亮，鬢眉有稀疏的銀白色髮根，看上去像貌倒也堂堂。

谷青以詢問的眼光，指了一指？二當家的隨卽點頭，並作出不便打擾的表情。

但谷青忍不住又再仔細觀察郝老四的外貌，身材並不魁梧，坐在羣僧之中，反倒顯得有點瘦小，面色燐黃而有寒光；這與靑面獠牙的單虎臣一比，完全是兩種不同的模樣。

谷青心中暗想，眼前的郝老四，不但沒有趕走廟裡的和尙，反倒跟着和尙一起打坐參禪，豈不是頗堪耐人尋味的一幕景象！

二當家的，在谷青背上輕輕一拍，就又帶領谷青回到了右跨院的小廳堂，彼此落座，小厮奉上了熱茶，各自飲着。

但這二當家的，從此就一言不發，並且眼望着別處，似乎在想着什麼；又似乎什麼也都沒有想。谷青幾次想要說說話，但都無從開口，也只好沉靜地等着，等着……

於沉靜之中，谷青不由得在心裡好笑，今兒是來這地方幹什麽來着！莫非也是來這兒打坐的嗎？

也不記得等了有多久，才見郝老四也穿着一襲青布長袍，緩緩地走了進來；谷青立卽起身。二當家的作過了介紹，卽自退了出去。

開門見山，谷青說出了紅蔘被刼的事情之後，還沒來得及詢問是否旋風口的人所爲，郝老四卽冷笑一聲說道：

「什麽紅蔘！在我面前，莫再使詐。」

「這是那兒話？」谷青一怔。

「虧你還行走江湖，竟而犯下了江湖大忌！」郝老四一怒而起，「你居然敢保黑貨！」

「啊？」谷青這一驚，非同小可，但忽又鎭靜下來，有點疑惑不定地說道：「那不會是黑貨吧？」

郝老四一拍手，吩咐內間的兩名手下說：

「抬一箱出來，給他看！」

谷青立時卽見抬出一個大約三尺長的木箱，並打開了蓋子。谷青上前一看，上面一層是零零碎碎的黃色老樹根，已經愣然，再往下一抄，掏出來的皮紙包一聞，果然是煙土，谷青的臉色立刻就變了。

但是，郝老四仍要谷青再往下抄，又掏出了一個錫紙包，打開一看，赫然竟是「白麵海洛英」，這可使得谷青全身都癱瘓了。

郝老四冷冷地說道：「從海上走私販毒，妄想長驅直入，實在太造孽了！」

谷青已經是面無人色，無言答對。

「你自己知道，該怎麼辦！」郝老四對谷青輕蔑地背轉身去。

谷青眞是痛澈心扉，全身每一根毛孔都像是刺了針。在這冰天寒夜裡，自覺生命已到了盡頭，撲通跪在堂上，哽咽着喉嚨說：

「我谷青受了騙，但已無話可說，任憑千刀萬剮，絕無怨言！」

「哼！」

郝老四哼了一聲，拂袖而去。只剩下谷青，獨自跪地不起。

直到天亮以後，郝老四才又來到這小廳堂，他一身短裝，頭上冒着熱氣，好像是剛練過功的樣子。

但是，谷青仍在地上跪着，兩眼呆直，身子已經僵硬的像石頭，面孔也已經土灰了。

郝老四對谷青默視了一會兒，嘆息了一聲，上前要把他扶起時，但一碰谷青就倒了。郝老四以爲他已經死了，再仔細一摸他的胸口還有微溫，立卽叫來了手下人等，吩咐說：

「快把他抬進去，救活他。」

谷青已經沒有了知覺，任憑大家擺佈了。

經過三個時辰的調治，谷青已漸恢復了體力，立卽下床要去見郝老四，二當家的攔阻不住。

谷青來到廳堂，郝老四不加理睬，谷靑慚愧地說不出話來。郝老四遂卽一擺手說：

「你請吧！」

谷青的一雙腿，仍有千斤重地拉不動，踉踉蹌蹌向外走，忽聽外面「轟」地一聲巨響，整座山都在搖動，但谷青仍似無所感覺地繼續向外走……。

接着，就有人跑來報告說：

「郝爺！雪崩了，隘口又被封住了。」

郝老四立卽大聲喊道：

「谷青！回來。」

二當家的隨卽跑上前去，拖住了谷靑。

郝老四吩咐手下說：

「備酒！」

時已近正午時分了。

一四

谷青在「天風寺」等候雪溶路通，因已受到郝老四的諒解與招待，始漸漸恢復了情緒，彼此傾心交談，但只談些江湖掌故，而都避免觸及個人的身世。

谷青忽然聞到一種怪味，隨風飄來，頗爲詫異？

郝老四笑笑說：「當年欽差大臣林則徐，在虎門燒燬了英國人的鴨片，引起了戰爭；今天我這一個草民，在旋風口大山上，也燒燬了日本人的鴨片，但不知也會引起戰爭否？」

谷青一時啞口無言，過了一會，才悠悠地說道：

「大概不會吧！」

「老弟！你不知道，」郝老四神情嚴肅起來，「有一名日本浪人，押送這批黑貨上岸，當時蠻橫的反抗，就被我的手下格殺了！」

「哦！」谷青暗想事態可能不簡單了。

「那石耀仙不是個好東西！」郝老四微喟一聲，「你怎麼會上了他的當？」

「我去白石鎮，並不是爲了這個。」

「那是爲什麼？」

「你也必然知道，單虎臣又在勒索白石鎮！」

「咄！」郝老四嗤之以鼻，「那傢伙鷄鳴狗盜出身，專是幹些打家刼舍的事！」

「所以，我必須儘快趕回白石鎮。」

「別急，等天把兩天的，雪溶了，你就可以下去。」

谷青見郝老四的態度不惡，卽想拉攏郝老四對付單虎臣，於是，就趁機說道：

「四爺！你何不也救一救白石鎮的婦孺老幼？」

「這！」郝老四一楞，「可不是像你一句話那麼簡單啊！」

谷青心想郝老四不曾正面拒絕，還想再繼續說服時，郝老四却起身拉着谷青說：

「走，我們出去散散步。」

谷青隨着郝老四到了廟後，才得見到在這一片山谷平原上，他的人馬結草爲廬，墾地爲田，還養了牛羊。郝老四淡然說道：

「人要靠自己的一雙手求生，才是正途。」

谷青默默點頭。

郝老四又帶谷青走到了「天池」，但見一潭清水，居然不曾結冰，水面上霧氣騰騰。谷青感到奇異不解？

郝老四說道：「天意奇妙不可測，給這大山上有一潭甘泉，終年不絕。」

「寒冬也不結冰？」

「嗯！我到此才了悟，人眞應該要飲水思源，不可逆天。」

谷青聽了這番話，更覺得郝老四已回頭是岸。

但見郝老四走上釣魚台，拿起一支釣竿，上了餌，熟練地拋入水中，不一會工夫，就釣上一尾鯉魚來，可是他取下了釣鈎之後，竟又將魚兒拋回水中。谷青問道：

「這是爲何？」

「不爲什麼，」郝老四繼續上餌，「只因爲天風寺的和尙，都不准吃魚。」

谷青恍然，郝老四居然也能奉守戒規，天良未泯。乃決意要對郝老四再進行遊說了。

第三天中午過後，郝老四小睡起來，精神特好，谷青到其臥房品茗聊天。一時興起，郝老四終於談到了自己的身世，從幼年的孤苦零仃，談到如何投師習武，如何浪跡江湖，如何反抗滿清，如何不服北洋政府，以至於多次被捕下獄；再談到而今聚衆爲寇時，則又欷歔不已，自承愧對平生。

谷青聽到這兒，隨卽說道：

「人有報國之志，當有報國之路。」

「可是，路在那裏呢？」郝老四立卽反問。

「就以目前的形勢來說，四爺你也是知道的，自從北洋政府對日本屈辱，接受了二十一條件之後，青島和濟南已經是面目全非！」

「日本軍在青島、在濟南公然駐紮兵營，等於是佔領！」

「整個華北地區，也都有日本浪人胡作非爲，橫行無忌，弄得民怨沸騰。」

「就是這口氣，我也嚥不下！」郝老四又火來了。

「現在革命軍北伐，兵分三路，一路已經進抵兗州；一路已經到了保定；太原一線，情況也還順利。」

「但願快點收復濟南。」

「就是因爲濟南和青島，都有日軍駐紮，是一大顧慮！」

「怕什麼！打跑那些鬼子就是了。」

「不簡單！」谷青吁了一口氣，「日本人爲了保持在華北旣得的利益，是不願意看見中國統一的，也就必然會對革命軍橫加阻撓。」

「革命軍膽小！」

「膽子大，也不能只管有勇無謀呀？」

谷青呷了一口茶，見郝老四不言語，卽又說下去：

「革命軍北伐，是爲求全國統一，若果在中途受到日軍的破壞，或者是勾結北洋軍抵抗，故意造成國際問題，那都是革命軍所要避免的，豈可小不忍而亂大謀？」

「嗯，這話也有道理，」郝老四點着頭，「不過，也不能因爲這樣，就猶豫不敢前進。」

「當然不會的，」谷青很肯定，「但是，謹愼行事，也是應該的。」

「太謹愼了，往往辦不了事。」郝老四思索着，「在這種情況下，如果地方上能有力量援應，那就好辦了。」

「對！」正合了谷靑意思。

「可惜沒有這種力量。」郝老四又氣短了。

「力量是有的，也不一定是在正面的軍事上。」

「這是怎麼說？」

「譬如，地方上要團結，保護百姓，安定民心，就是與革命軍遙相呼應。」

「北洋軍一團糟，地方上也都成了無政府狀態！」

「所以，更不該再有趁火打刼的事。」

「哦！我明白了，」郝老四挺身而起，「你又說到了單虎臣的行爲？」

「你本來就看不慣他，爲何不在這時候阻止他？」

「怎麼阻止？除非火拼！」郝老四搖搖手，「再說，咱們跟革命軍也搭不上線，誰知道！」

「四爺！你這話就錯了。」

郝老四一楞眼。

「你別生氣，」谷青安撫郝老四坐下來，「常言道，國家興亡，匹夫有責。只要每個國民都做他應該做的事，何必要誰知道？」

「只怕變成了猪八戒照鏡子，裡外不是人！」

「但求問心無愧。而況，是由地方上主動保鄉保民，北洋軍不管，日本鬼子也對革命軍找不上藉口，責任是在民間，又怎奈何？」

「聽你說得倒容易！」

「只要肯做，就容易。」谷青又替郝老四斟上一杯茶，「四爺！想想看，眼前不就是一條報國之路嗎？」

郝老四沒立刻回答，飲着茶在沉思。忽而，他的眼睛盯住谷青的臉，問道：

「你是不是革命黨？」

「不是？」

「那你爲何這麼清楚？」

「如果我自以爲是的，又有何不可呢?」

「唔?」郝老四不解，「這我就不明白了!」

「我是說，在精神上，人人都可以做革命黨。」

「怎麼解釋?」

「如果都以救國救民爲目標，就是精神一致。」

郝老四終於被感動了，肅然地點頭。

「哦!對了，老弟，你還不曾對我也說說你的來歷哪?」

谷青猶豫了片刻，才緩緩地說：

「日後定當奉告。」

「這!」郝老四的反應，很不愉快。

谷青急忙起身一拱手，說道：

「晚輩十分平庸，何敢在此誇耀，惟願以志性見知，還請四爺諒我!」

郝老四直在沉吟不語。

谷青很沒趣，就悄然退了出去。

一五

白石鎮在谷青去了旋風口之後，情況又突然有了很大的變化，日本浪人結夥而來，要追究「紅蔘」的下落，並且蠻橫地拒絕鄉團檢查行李，一湧而去了石耀仙家中。

他們誣賴石耀仙吃裡扒外，勾結地方土匪，吞沒了那批貨物，而且還打死了一名押貨的日本人。這時候，石耀仙已是有口莫辯，嚇得魂不附體。

這一羣日本浪人有七名之多，以一個名叫「橋本太郎」的爲首，就佔據在石家不走，又是胡作非爲，竟把巫桂花也覇佔了。巫桂花不堪其苦，就天天痛駡石耀仙糊塗，當初不該作日本浪人的走狗。石家的佣人，都被嚇跑了。

到這時候，石耀仙才知懊悔莫及，自恨太貪財而致惹火燒身，害了自己，也連累了鄉里，全鎮都沒有一個人同情他。他等候了谷青三日，毫無消息，只得硬起頭皮去請求白鎮長出面調解。

但是，白鎮長這時候的情緒很壞，因爲沒有能夠招募到外地的鄉團，眼看單虎臣的第二次限期又快到了，再加上日本浪人的入鎮騷擾，內憂外患煎熬，就急得白立軒病倒在床上了。

白立軒畢竟是識大體的地方首腦，對於石耀仙的請求，沒有拒絕，卽指派何掌櫃的去辦交涉。何錫義這一回，大有「臨危受命」之概，馬上就到石家去了。

可是，橋本太郎一開口，就要白石鎭替石耀仙賠出三十萬銀元，並且不准討價還價，否則，必不甘休。

這第一個照面，就把何錫義嚇得差點沒吐出舌頭，痛恨日本人壞透了，簡直是一羣禽獸，比土匪還要厲害，實在無法理喻。雖然，巫桂花哭哭啼啼的也哀求何錫義幫忙快些解決，但何錫義已感無能爲力，從此也就避不見面了。

谷青在天風寺，正準備要下山，忽然又發生了一次雪崩，谷青仍然要强行下山，郝老四力加勸阻，因怕一步踏空，又會連人帶馬跌落深澗，必死無疑。

谷青急得直跺脚，眼看單虎臣的限期只剩下最後兩天了，不知白石鎭現在的情況，已經怎麼樣了？

初春季節，雪堆倒也溶化的快，谷青又等了一天，雖然路仍不通，但谷青堅決要冒險下山，郝老四見已阻止不了，只躭心他到了白石鎭也已過了限期，情況實在難以預料？於是，郝老四立卽召來了二當家的甘玉堂，三人共商對策，並決定由甘玉堂帶着信鴿同行。

至此，谷青才算正式與甘玉堂攃交了。

他們兩人各牽着一匹馬，踏着雪堆尋路，但谷青急得只想快行，而致又一次連人帶馬翻落山溝，掙扎很久，才被甘玉堂救了上來。嗣後，谷青就不敢再心急了，二人慢慢地走，費了大半天工夫，才脫離了隘口，到了山脚下，已經是夜幕低垂了，二人卽上馬狂奔。

整夜的奔馳，在黎明時分，谷青和甘玉堂才趕到了白石鎭，但已滿目瘡痍，有的房屋還在餘燼濃烟之中。谷青與甘玉堂互相看看，都長嘆了一聲：

「晚了！晚了！」

原來在這限期最後一天的夜半，單虎臣就又先下了手，大舉攻掠白石鎭。殘餘的鄉團雖以死守力拚，但終被土匪衝了進來，四處燒殺刼掠。

就在這當兒，縮在石家的那一羣日本浪人，爲了自保，就撈出密藏的槍支和武士刀，甚至還有一挺輕機槍，一齊衝了出去，也跟土匪展開了一場混戰。

單虎臣也中了彈，發覺大勢不妙，卽刻率領餘衆撤走。趙善任行迹敗露，亦跟着逃命去了。

日本浪人被打死了兩名，因不明土匪的來由，就又誤會是石耀仙搗鬼；石耀仙矢口否認，不獲採信，就想要逃走，反而被橋本一槍打死了。

谷青問明了這些情況，爲之痛心疾首。他想要立刻見到白鎭長，但白鎭長已下落不明；何掌櫃的也已不知去向。

谷青和甘玉堂，就在白石客棧裡密商對策，寫了封信，給郝老四發出了信鴿。接着，就見店小二來報告說，日本浪人正在四處打刼，並强暴婦女。谷青立卽要店小二去通知鄉團隊長，來客棧會商。

鄉團的人，此時已怒火萬丈，發誓要把日本浪人都幹掉。沙一風也跑來了，哭喪着臉，聲言要以生命報答白鎭長。

谷青和甘玉堂，取出帶來的快槍，卽率領鄉團去四處截殺日本浪人，接連幾場巷戰，日本浪人退囘在石宅死守，不肯投降。

谷青爲免鄉團再有死傷，乃制止大家向石宅進攻。等到了夜晚，谷青卽要沙一風和鄉團在石宅正面佯攻，他和甘玉堂則從後院潛入花廳，伺機行事。

當沙一風的槍聲響起時，谷青和甘玉堂卽摸進了園門，首先手刄了一名守衞的日本浪人，跟着就是展開逐屋捕殺。日本浪人腹背受敵，最後連橋本太郎也死在谷青的快槍之下。

但當谷青再作最後搜索時，赫然發現巫桂花被赤裸裸的綁在床上，急忙替她拉上被子蓋住，並替她鬆了綁，旋卽含淚退出。

谷青和甘玉堂走出石宅前門，才知沙一風已經負傷被抬走了。

谷青和鄉團的人，四處尋找白鎭長，終於在地窖裡發現了他，已經病重不起；還有玉婉、秀鳳、何掌櫃的也都在守護着他。谷青說明了一切情況，希望白鎮長能抱病出來，收拾殘局，安頓民心。忽有人跑來報告說：

「巫桂花已經懸樑自盡了！」

大家都一驚。

白鎮長慨然一聲歎息。

谷青十分淒然，可憐巫桂花，畢竟還是有其大節的羞恥之心啊！

非常意外的，白雲庵的妙月師太，竟在這時候忽然跑來了。她說，梅姑知道鎮上被單虎臣打刼了，直是在哭，今兒一早，人就不見了，也不見了吳大娘，她放心不下，所以，才跑來想請大家幫忙找一找。

但是，沒有人能回答。

白鎮長又是一聲歎息。

秀鳳和玉婉，雖然特別驚愕，但也緊口無言。

一六

單虎臣的手下，傷亡大半，落荒而逃，並因爲自己也受了傷，就把一肚子的怨氣，都出在趙善任的頭上，一邊走，一邊怒駡趙善任爲何不傳報日本浪人帶有武器。趙善任分辯說，全鎭的人都沒有看見他們有武器，他又怎麼能知道。單虎臣一發火，就在路上把趙善任槍殺了。

這趙善任外表忠厚，但心性脆弱，經不起單虎臣暗中的威迫利誘，竟而見利忘義，貪生怕死，合該落此下場。單虎臣曾經應許他，事成之後，分給他二成的鉅金，可以讓他遠走高飛去享福；而趙善任竟也認爲反正是大家的錢，並不只是坑了白家，何不趁此大撈一票，故而甘作內線。孰不知，無論事成事敗，單虎臣都會同樣的殺了他。

單虎臣回到了黑水嶺巢穴，一淸點人數，又發現有不少手下在中途開溜了，就更加氣憤暴烈，一時獸性發作，竟跑去後堂把小寶貝親手「撕」了洩憤，羣情爲之駭然！

接着，就有手下來報告說：

「馬子二當家的，已經離開了！」

「啊？」單虎臣一驚，又像是被打了一記悶棍，身子搖晃着喊叫，「快去！快追上去，殺了他！」

但是，沒有一個人肯動一動。

忽然，又有手下跑來報告說，有一年輕女子要見他。

單虎臣覺得奇怪，還沒來得及答話，那女子就已經衝進來了，憤恨地說道：

「單虎臣！你還給我的孩子。」

「你是誰？」單虎臣瞇着一隻眼，看不太清楚。

「我是梅姑！」

「咦？這就怪了，」單虎臣露出了淫笑，「分明是白家的孩子，怎麼說是你的？」

「你忘了嗎？」梅姑痛哭失聲，「在七年前，你打刼白石鎮，侮辱了我的身子……」

「啊？」單虎臣霍地站起，並探身向前，細看梅姑，「那姑娘就是你？」

「我懷了孕，沒臉見人……」梅姑泣不成聲。

「你生了沒有？」

「生下來了，就偷偷送給了白鎮長的兒媳婦！」

「是那一個孩子？」

「就是被你擄來的那一個！」

「不！不！」單虎臣已開始顫抖，但仍咆哮着，「這不會是眞的！這不會是眞的！你別想騙我！」

「你不信！吳大娘可以作證，是她接的生，也是她親自送去白家的！」梅姑一轉身，指着外面說：「她現在就在外面等着。」

吳大娘顚着一雙小脚，登登登的跑了進來，喘着大氣說道：

「是眞的，梅姑娘說的都是實話啊！」

「啊——」單虎臣驚叫一聲而後退，倒在椅子上。

「單虎臣——」梅姑嘶喊着，「快把孩子還給我啊！」

單虎臣全身都痙攣了。

梅姑哭着說：「爲了扶養這個孩子，我願意跟着你走就是了……」

「天啊！」單虎臣的人性復活了，喉嚨哽咽了，「我作的孽太多了，這是天罰我自絕啊！」

「你說什麼？」梅姑楞住了。

單虎臣望着自己的一雙顫抖的手，淒聲地說：

「孩子已經沒有了！梅姑，是我親手把他……」

「啊——」梅姑大驚，撲向單虎臣又打又咬，「還給我的孩子！還給我的孩子……」

單虎臣的精神魂魄，都已立刻垮了，任憑梅姑如何瘋狂的撕打，他好像完全沒有了知覺。

吳大娘將梅姑拉開之後，單虎臣想站起來，但又癱瘓在椅子上，兩隻手按住胸口，在椅子上左右翻滾不停，他的心窩在絞痛，幾乎不能呼吸了。

手下都驚慌失措，不知如何是好。

忽聽外面傳來了一陣密集的槍聲，在外面的匪徒，向廟裡跑，大叫：「不好了！我們被包圍了！」

廟裡的匪徒，就往後面跑，四散逃竄。站在單虎臣身邊的幾名手下，一陣驚慌，也都丟下單虎臣，各自逃命去了。

遂即見郝老四，帶領着一批手下，衝了進來，許多支槍口，都對準了單虎臣的腦袋。郝老四大聲叱喝：

「單虎臣！」

單虎臣微微睜開一隻眼，看了看，想站起來，但又站不起來，反倒平靜地坐着不動彈了。

「單虎臣！不必我再多說！」郝老四也冷靜下來，「至少在表面上，咱們都是道上的，我不忍下手，由你自己作個了斷吧！」

單虎臣點下頭。

郝老四將自己手中的短槍，又揷回了腰間，說道：

「現在就由你自己，還給你自己一個公道！」

單虎臣慢慢掏出自己懷中的一支手槍，吃力地舉起來，突然對準了郝老四，大家都驚叫一聲，但郝老四面不改色地挺立着。梅姑急忙上前，擋住了郝老四，冷冷地說：

「不！不！你打死我好了。」

單虎臣流下了眼淚，嘴唇在激烈的搐動，突然一回手，槍口對準了自己的心窩——

「砰！」一聲槍響。

單虎臣的兩臂下垂，手槍也跌落在地上。

一七

谷青在白石鎮大街小巷奔走呼號，想盡力使白石鎮恢復市面，但大家還是不敢。谷青萬般無奈，想出了一個辦法，用一張大椅，使人抬着白鎮長，巡行全鎮，要求各家商號開市照常營業，果然發生了功效。但只强制關閉了「寄香書寓」。

次日，忽有放哨鄉勇跑回來報告說，又見有土匪來了！立時又引起了全鎮的騷動。谷青呼籲大家鎮靜，並即和甘玉堂登上圍子的碉堡，等了等，向遠處一看，原來是旋風口的人馬奔來了。

谷青和甘玉堂，會同鄉團隊長出迎，把他們接進了圍子，三當家的牟昌平，遞上郝老四給谷青的一封信，谷青拆開一看，始知郝老四已決定要全體手下都歸正，希望能編入白石鎮鄉團，出力保衞地方百姓，而郝老四本人，則在信中立誓，永遠隱居於「天風寺」，不再下山了。

梅姑和吳大娘，也都隨同回來了。秀鳳和玉婉，與梅姑見了面，都相擁而泣，卽將梅姑接到白家同住。

接着，有四名鄉下人，抬着一具蓆包的屍體，來到白石鎭，說這死者是鎭上的人。鄉團隊長拉開蓆子一看，原來是趙善任。有人要去報告白鎭長，何掌櫃的說：

「不必再去煩白爺，就挖個坑把他埋了吧！」

谷青懂得規矩，就主動開給了四名鄉下人一點賞錢。

可是，由於趙善任屍體的出現，大家不明究底，卽又勾起了創痛，一傳開來，鎭民們就開始鼓噪，反對旋風口的人馬留在白石鎭，生怕再會吃了土匪的暗虧。如此一來，弄得甘玉堂一夥人，尷尬萬分。

谷青見羣情惶惶，只好當街設下香案，要甘玉堂率領着全體旋風口的人，當衆焚香對天立誓，永遠歸順白石鎭，才算平息了鎭民的疑忌之心。

谷青在白石鎭，又逗留了一個多月，一切都已就緒，全鎭也都已各安生業，市面上亦漸漸恢復了繁榮景象，商旅也開始絡繹於途了；而白鎭長的健康，也已漸漸復元。谷青就準備要離開白石鎭了。

時已至四月末，谷青獲悉革命軍的前鋒，已經進抵濟南城郊，他就堅決表示，馬上要離此他往。

任憑白鎭長如何挽留，也動搖不了谷青的去意。

何掌櫃的急得發了火，不客氣地質問谷青說：

「你當初不是說過，要在白石鎭安家落戶的嗎？」

「那只是一句笑話而已！」谷青笑笑。

最是難捨谷青的人兒，則還是白玉婉，她曾滿眶淚水的問谷青：

「你還會再回來嗎？」

「我也不知道！」

谷青羞紅着臉，還想再對白玉婉說什麼，但又打住了。

玉婉說：「你不可以定居下來嗎？」

「或許可以，」谷青歉然一笑，「但不是現在。」

在谷青離開時的那天早上，白石鎭大街兩旁擠滿了人羣，望着谷青牽着他的青鬃馬走過，都現出了惜別的情緒。谷青默默無言，對大家揮手告別。

谷青走到了圍子口，甘玉堂迎上來與之同飲了一杯酒。白鎭長和女兒玉婉，早已等在那兒，是最後對谷青送別的兩個人。

白鎮長非常親切而又激動的說道：

「谷青！我們永遠懷念你。」

「白爺！」谷青的情緒也很激動，「沒有谷青這個人，我也不是谷青，希望你們從此以後，都忘了他吧！」

「不！決不能忘，」白立軒已止不住老淚縱橫，「我們隨時都會歡迎你回來。」

「白爺！請快些回去，外面風大。我們後會有期！」

谷青說罷，就轉身上了馬，但又回頭望着玉婉；玉婉也正在失神地看着他。谷青對玉婉又抱以歉然的一笑，但在這笑容中，却流露了一些傷感之情。

谷青遂即把頭一低，一揮馬，就飛也似地離開了白石鎮。不一會兒，就再也看不見他的身影了。

白立軒挽着玉婉，喃喃地說：

「他究竟是誰呢？他是從那兒來的？又是往那兒去了呢？」

沒有人能回答；也沒有人能知道他。

過了幾天，從濟南傳來了消息，發生了「五三慘案」，日軍橫加阻撓我革命軍收復濟南，公然衝進了我革命軍派遣的交涉公署，殺害了我方沒有武裝的交涉員蔡公時，以及署內職員十多人；接着，就以大砲盲目轟擊內城，濫殺無辜，並四處屠殺我軍民無數，慘不忍睹，其野蠻尤甚於禽獸。

全國都憤慨起來，輿論沸騰，痛恨日軍視我爲弱肉，就這樣任憑宰割嗎？凡我有血性的中華兒女，怎能忍受這國恥大辱？

革命軍下令先鋒部隊，暫且離開濟南城，準備繼續向北挺進，以收復天津與北京。

在膠濟路一線的革命軍部隊，已經順利的通過了白石鎮，地方上秩序井然。

但在濟南的日軍，仍圖阻撓革命軍渡河北上。

不數日，又傳出了一項消息，在濟南外城的一處日本兵營裏，日軍頭子們正在開會，突然有一名壯士，飛騎躍過了營門前的鐵刺網拒馬，衝入了兵營內連投數彈，炸死了幾名日本軍官，日軍第六師團長福田彥助受了傷。而那名壯士，則在日軍的亂槍下，壯烈犧牲了。

但經此一炸，日軍狂妄囂張的氣焰，已被殺下。

人們都不知道那名壯士究竟是誰；而只曉得與他同時殉難的，還有一匹青鬃馬。

這消息傳到了白石鎮，大家想起了一個人，不由得不對之繫念在心；他們爲他立了一個高大的石碑，碑上只刻了四個斗大的字：

青州奇俠

一八

在青州白石鎮的土城大門外，不遠處就有那一座高崗，崗上新近才豎立起來的那一座高約丈餘的大石碑，迎着南北大道挺立着，甚是惹眼，老遠就可讓人望見它。不多久時間，就已成爲白石鎮的一個標誌。過往商旅，在入鎮之前，無不駐足先對碑上刻的「青州奇俠」四個大字，投以驚異的一瞥。

這座大石碑，猶如一座鎮山的寶塔，使得白石鎮很快又恢復了昔日的繁華，尤其在革命軍光復了青州地區之後，在將近一個月來，民心一片歡愉。

一日，在這南北大道上，來了一位形貌特殊的年輕女子，身穿一套紫紅色的緊身對襟短褂和長褲，胸前雙排的黑色捲雲花鈕扣，十分精巧，外罩一襲黑絨的小披風。她頭上挽起的秀髮，包在一條紫紅色的方巾裡；方巾的兩個斜角，在額上打了一個結，翹起的兩尖如同花瓣分向兩邊。她這身打扮，配着一副橢圓形的臉蛋和一雙烏溜溜的大眼睛，益發俊俏和英姿勃勃。她騎着一匹紅鬃馬，又同時牽着另一匹青鬃馬，在這條大道上，以小跑的步伐，蹄聲「的的」，與過往商旅擦身而過，引起了路人的注目。

這位女子，在行近白石鎭的時候，却並未長驅直入，而忽然扭轉馬頭，奔向高崗。兩匹馬一前一後，就像跳躍般的，在一刹那間，就登上了高崗，停止在石碑前。但見這女子面對着石碑，注視了一下，又低頭尋思了好一會兒，卽從腰間抽出一幅大約三尺見方的紅布，迎風一展，颼的一聲抛了出去，蓋在石碑頂上。她立刻又揮出長鞭，從地上帶起一個碗大的石塊，壓在紅布上。而後，她卽掉轉馬頭，下了高崗，又回到原來的大道上，向原先來的方向，揚長而去。這一樁奇怪的舉動，更使得路人都看呆了。因爲她既然來到這兒，却爲何不進入白石鎭呢？

進入鎭內的商旅，對於這樁見聞，都談論不止。消息立刻傳到了白鎭長那兒，接着甘玉堂也來報告了這件奇事；但都惑然不解。白家女兒玉婉，在旁聽了尤其納悶，她來不及說什麼，卽抽身到後院，以最快的動作拉馬備鞍，出了後院。玉婉一躍上馬，剛奔出了土城圍子，果然就遠遠望見在那高崗的石碑上，頂着一方紅布，在風中飄揚。但玉婉不曾到崗上細看，却躍馬直奔大道追去。

玉婉大約追趕了有二、三十里的路程，已經見不到那位奇女子的行踪。玉婉非常失望的轉回頭，緩緩的踏着馬蹄，一面走着，一面在馬上尋思不已……自從五月三日發生濟南慘案，沒幾天，就從濟南的日軍第六師團兵營裡傳了出來，有一名壯士單騎衝入投彈而殉難之後，大家都已認爲那必然是谷青，因爲有那匹青鬃馬也一同犧牲，就更證明了那是谷青，兩個多月以來，白石鎭的人，每想起谷青先前爲了挽救白石鎭的安危，曾忍辱受怨，冒險犯難，才得解除了盜匪的脅迫，都對他那一樁俠義事蹟，深深的感念不已，故而爲他立碑紀念。但最悲傷的人兒，則是玉婉，因爲她的一顆芳心，早已傾向谷青，還不及表達這份衷情的時候，谷青却已飄然離去，永不復返了。這種難以補償的遺憾，曾使得玉婉夜夜珠淚暗彈。她也曾在許多個黃昏時分，徘徊在那座高崗上的石碑前。如今，在她的心緒還未完全平靜之際，却又激起了一陣漣漪。她思索又思索，那個奇怪女子究竟是從何處來的呢？那女子跟谷青又有何關係呢？她又爲何把一塊紅布覆蓋在石碑上呢？但玉婉却尋思不出一個答案來。她不知不覺的又行近高崗，再抬頭一看，發現甘玉堂已經在崗上面騎着馬，環繞着石碑在察看。玉婉也立卽策馬，登上高崗。甘玉堂對她作了一個搖頭納悶的表情。玉婉引馬靠近石碑，伸手拉下那幅紅布，仔細的看，想要找出一點蛛絲馬跡來。玉婉忽而在紅布的一角，發現了一個小小的「妞」字，筆跡秀麗，遂卽指給甘玉堂看，並說道：

「這可以斷定，必定是那個女子的名字。」

甘玉堂却並不感驚異的說：「只憑這個字，仍然是一個解不開的謎！」

玉婉又迷惑了，「谷青已經壯烈犧牲，爲何忽來一個女子，在石碑上給他掛了這塊紅布？」

「或許……」甘玉堂沉吟的說，「這個女子已經知道谷青還在人世。」

「唔？」玉婉驚訝了一聲，「那就更奇了！爲何這麼久，都不曾再有谷青的任何消息呢？」

「這又是一個謎！」

「那女子既然已經來到此地，她爲何不進入鎮裏，就又走了呢？」

「因爲她知道谷青不會在鎭裏。」甘玉堂作了推斷，「她很可能正在尋找谷青。」

「何以見得？」

「我聽到路人說，她騎了一匹馬，另外還牽着一匹青鬃馬。」

「可是，谷青的那匹青鬃馬，不是已經在日軍大營裏也被打死了嗎？」

「這就又無法解釋了？」甘玉堂想了想，遂卽又補充一句說：「當時誰也沒有親眼看見。」

「嗯！」玉婉拉長尾首的點點頭，「說不定，谷青眞的還活着，但就是不知道他的下落。」

玉婉隨手把這塊紅布折叠起來，塞入了懷中。

「爲什麼不放回石碑上？」甘玉堂不以爲然。

「我要帶回去給爹看，」玉婉的心思一轉，「與其掛塊紅布招風，不如請爹派人來，把這碑上的『青州奇俠』四個大字，描上紅漆，不是更可以帶點喜氣了嗎？」

「嗯！」甘玉堂一拍掌，「很對！」

「我們回去，」玉婉扭轉了馬頭，「要快點去跟我爹商量，我們應該怎麼樣去尋找谷青。」

甘玉堂隨着玉婉下了高崗。

一九

玉婉想要尋找谷青的事，結果沒有能够得到她爹的同意。但並不是白鎭長不懷念谷青，而是根本沒有任何線索可尋，人海茫茫，再加上兵荒馬亂，當然更不能允許女兒玉婉遠行。白鎭長只是安慰玉婉說，如果谷青眞的沒有被日軍打死，總還會有見面的一天。

但是，連日來，玉婉總是心神不定，寢食難安，時時刻刻都會在眼前出現了谷青的幻影，由不得她不去思想。玉婉這才發覺自己愛慕谷青之情，已經是如此之深。但她却又不得不强自壓抑住這番情懷，而愈是壓抑，則愈是思念得厲害。弄得她夜夜失眠，想要在夢中一見谷青，都不可得了。

又一夜，玉婉翻來轉去的睡不着，索性起身來，點燃了一盞油燈，枯坐通宵。但她面對着一燈如豆，心中却又有如烈火般的在燃燒着，她沒有一點法子可以排遣這份情懷。她忽而又從枕頭下抽出那塊紅布來，在手中再細細的端詳，當她再看到布角的一個「妞」字時，她又禁不住的在心中猜疑起來……

「這個妞兒，跟谷青是什麼關係呢？爲何獨自跑來，在碑上掛了一塊紅布，就又匆匆的走了呢？」

「這個妞兒，想必知道谷青並沒有死吧？」

「這個妞兒，會不會是谷青的心上人？如果是的，那我白玉婉卽使能跟谷青再見面，情又何堪？」

……這一連串的問題，使得玉婉愈想愈不自在。驀地聽到鷄叫了，又是一個拂曉來到。玉婉立刻更衣，不等甘玉堂來對陣，她就提早獨自去練拳，藉以發洩心中的鬱悶。玉婉吹熄了燈出房，在星光朦朧中，就往東跨院的武場去了。

玉婉先是在武場上漫步了一遭，同時是在作運氣行功，接着就站定在場子的中央，開始練拳。當她練到第五十九招「鐵門閂搥」的時候，已是晨光曦微，遠近的雄鷄報曉之聲，不絕於耳了。接下去，當玉婉打出第六十招「蝴蝶分飛」拳法的那一刹那，突然從牆外傳來一聲輕輕的歎息：

「噫——錯了！」

「誰？」

玉婉立刻收拳，以「轉身撇竹」的姿態，朝院牆上一望，但見有個老頭子模樣的人，兩臂搭在牆頭上，還在不停的搖着腦袋，撅起了嘴唇上的兩撇小鬍子。

「喂！」玉婉雙手叉腰的走近牆邊，發出嬌怒的聲音質問：「你怎麼可以隨便偷看人家練拳？」

「姑娘，你別生氣」。老頭兒呵呵一笑，繼續說道：「方才你那一招，拳法不怎麼對路。」

「那一招？」玉婉不服氣的樣子。

「蝴蝶分飛呀！」

玉婉一怔，心想，這老頭兒居然能叫得出名堂，可能是個當行高人。但玉婉在表面上仍不甘示弱，却故意以頑皮的態度，冷笑一聲說道：

「哼！你又懂了。」

「我當然懂，」老頭兒一躍身，輕如飄葉似的就坐在牆頭上了，「姑娘練的是少派林的虎鶴雙形，對不對？」

「對呀！」玉婉不由得不承認了，「可是，我沒有錯啊？」

「還說沒有錯，太不虛心了！」老頭兒扳起了面孔。

「錯在那兒？」玉婉仍不以爲然。

「錯在右掌不該握拳，也不是在下方。」

「唔？」玉婉半信半疑，「那你就下來比劃比劃看嘛！」

「這可是姑娘你請我進來的喲？」

「當然！」

老頭兒兩臂一展，毫不費力，就像蝴蝶般的飄下牆來，而落地無聲。這使得玉婉心中不由得不大為驚歎！但跟着就有一股酒氣，直冲了過來，醺得玉婉倒退了一步，說道：

「哇！大清早，酒味好臭。」

「對不起！姑娘。」老頭兒說着，一扭背，把酒囊甩到胸前，拔開蓋子又喝了一大口，呵着氣說：「天下只有酒香，那有說酒臭的。」

「我不是要你進來喝酒的。」

「好！小老兒現在就比劃一招給你看。」老頭兒立刻擺出了第六十招拳法，一面比劃，一面解釋說：「蝴蝶分飛的拳法，應該是進左腿、退右腿為馬式，左手倒懸在下，右手挺高在上，在前門的正中成一直線，兩掌十指曲如鷹爪，掌心朝外，發掌時用力向外打出。」

「不！」玉婉立刻提出異議，「為什麼要這樣。」

「因為使出上下雙蝶掌，可在對方一拳打來時，你就能迅速變化右腿為先鋒進擊，以蝶掌打出正面，如果對方又變化為鶴翅手出招，你就用破排手接招，變出餓虎擒羊的招式，無往不利。」

「不對，不對！」玉婉連連搖頭，「應該是左掌在上，曲如鷹爪。右拳在下，握如鐵搥。這樣可在對方一拳打來的時候，我立刻變化右腿爲先鋒進擊，同時打出右拳才有力。拳爪併用，方爲虎鶴雙形。接下去才是變化爲餓虎擒羊，那就對了。」

「不對。」老頭兒撇起了嘴。

「對！」玉婉仍堅持。

「姑娘不信，就對招一下看看。」

「好！」

玉婉立刻擺出了她自己的招式，老頭兒揮拳一擊，玉婉以左蝶掌接住，同時進右腿打出右拳，老頭兒一閃，玉婉的右拳在老頭兒的左肩下擦過。老頭兒隨卽跳出圈外，叫道：

「啊！我明白了。」

「你明白什麼？」玉婉一怔。

「你師父是盤山少林。」

「怎麼說？」玉婉是眞的不解。

但是，老頭兒却認爲玉婉是故意裝傻，輕輕一笑！說道：「姑娘的拳法，隱瞞不了我的，再會。」老頭兒說罷，一個聳身，飄然越牆而去。

玉婉叫了一聲：「你不要走。」但已來不及了。這時候剛巧甘玉堂來了，問道：

「玉婉姑娘！今兒怎的起得這麼早？」

「我睡不着，自個先來練拳，等你來。」

「你剛才在跟誰說話？」

「一個老頭兒！」

「老頭兒？」甘玉堂四下看看，「他人哪？」

「剛剛越牆而去，輕功可眞高哩！」

「唔？」甘玉堂有點愕然，「是怎麼囘事？」

玉婉把剛才經過情形，說了一遍。

甘玉堂忽而恍然的說道：

「哦！可能就是住在白石客棧的那個老頭兒，看不出，他還有一身好功夫。」

「怎麼？你認識他？」玉婉追問。

「我不認識他，但是，我見過他。」

甘玉堂的這句話，是玉婉可以相信的，自從甘玉堂奉了大當家的郝老四之命，率領全體手下歸正，擔負起白石鎭的鄉團治安以來，非常的盡心盡力，對於每天過往的商旅人等，都十分注意，也愈來愈得到白鎭長全家人的信任。

玉婉隨卽又問道：「你是在客棧見過他？」

「嗯，他已經住了五、六天了。可是，因爲他付不出房錢飯錢，何掌櫃的把他攆了出來。」

「哦！難怪他的樣子，像個老叫化子。」玉婉頗爲同情的說：「不過，何錫義也太不够意思了，怎麼可以把老人家趕出客棧！」

「這也難怪，」甘玉堂一向是注重公道，「開客棧也是將本求利的生意，如果任人白吃白住，也是受不了。」

「可是，讓這老頭兒，露宿在牆角下，豈不可憐！」

「他自然會離開白石鎮的。」甘玉堂說着就捲起了小褂的袖子，「來吧，我們開始練拳吧！」

「不！你現在要告訴我，你這套拳法的來路。」

「以後再說。」

「不！現在就要你說。」玉婉嬌嗔的使性子，「剛才經過這老頭兒一問，我反倒儍了，你再不說，我就不繼續學下去了！」

甘玉堂拗不過玉婉的堅持，只好慢呑呑的說：「本來，我只想敎你一套拳法，作爲防身術，不必要知道什麼宗派，免得招惹事非。」

「可是，我現在必須要知道。」

「那老頭兒說得對，這是少林派拳術。」

「那——他說是盤山少林，又是什麼意思？」

「少林派拳術，來自少林寺，少林寺在河南省登封縣的嵩山，爲五嶽的中嶽，嵩山有三峰，在西峰少室山北麓，就是少林寺的所在，建於後魏太和二十年，到了唐朝，由於寺內高僧曇宗等十三個人，輔佐太宗平亂有功，對少林寺大加修建。從此以後，寺內僧徒都習武藝，傳揚很廣，後世就以嵩山少林派拳術爲正宗。」

「那跟盤山少林有什麼關係？」玉婉只想快點解開這個謎團。

「因爲在河北省薊縣西北的盤山紫蓋峰下，也有一座少林寺，但是年代比較晚，建於元朝『至正』年間，僧徒也都習武，算是少林拳術的一個支派。」甘玉堂只解釋到這兒，就不想再說下去了。

但是，玉婉仍追問不捨：「所以，這一百一十二招的拳法，就不完全相同了？」

「不能這樣說，」甘玉堂不得不再加以解釋，「整套拳法，都是一個宗派傳下來的，基本上並無不同，只是因爲代代僧徒衆多，分散四方，有的招數拳法，略有改變。但是，盤山少林改變的並不多，這你總可完全明白了吧？」

「這麼說來，你的師父，是盤山少林寺的和尚了？」玉婉衝口而出的又問到這個問題。

甘玉堂冷不防被玉婉這麼一問，反倒又不願意再談下去了。但是，玉婉仍糾纏不休。甘玉堂無可奈何，只好先對玉婉提出要求說：

「我告訴了你，你先要答應我，不可以再張揚出去。」

「成！我答應。」

「事實上，我這整套拳術，是郝四爺教我的。」

「那郝四爺又是跟誰學來的？」

「郝四爺早年，是從一位遊方和尚傳授來的。」

「那位遊方和尚，就是盤山少林寺的嗎？」

「對！」甘玉堂到此已無可再遮掩的只好完全表明，「在清朝雍正皇帝即位以後，對少林寺，心存疑忌，百般打擊，火燒了寺廟，僧徒四散；盤山少林寺也不能免。但是，郝四爺的祖師爺是誰，事隔一百七、八十年，因爲那位遊方和尚不說明白，郝四爺也就不得而知了。」

玉婉聽到這兒，心中暗想，難怪谷青曾經滿口稱讚郝老四的爲人，雖然在旋風口山上落草爲寇，但是仍很尊重「天風寺」的僧徒，而不像黑水嶺的匪首單虎臣，那樣把和尚統統趕出了寺廟。所以，他們兩者的下場，也就完全不同了。於是，玉婉悠悠的說道：

「難怪谷青說過，郝老四並不是無惡不作的土匪，祇是因爲反抗滿清，被四處捉拿，而致浪跡天涯。」

「其實，他並不姓郝。」

「唔？」玉婉一怔。

「他本來是蒙古旗人，在盤山少林寺的僧徒當中，也有不少的蒙古人。他是在方外得到了少林拳術的傳授，因此，他基於義氣，也就對清朝摧殘少林寺的行爲，有了反抗意識。」

「嗯！」玉婉深深點頭，「這我就完全明白了，如今民國成立，北伐軍節節勝利，所以，他就教你們歸正地方鄉團。而他本人，就隱居在『天風寺』，永不再下山了。」

「好了，話都說完了，我們開始練拳吧！」

「不！我今兒不想練了。」

「爲什麼？」甘玉堂很奇怪。

「我要去找那個老頭兒！」

「這麼一大清早，沒有這個必要嘛！」

「當然有必要！」玉婉又任性起來，「我猜想，他可能是少林派的正宗，遲了我就不再能見到他了。」

玉婉立刻跑出去了。甘玉堂在後一面叫，一面追趕：「玉婉姑娘！這要商量——這要商量——。」

玉婉不理會甘玉堂的叫聲，開了東跨院的後門，就衝出去了。甘玉堂追到了後門外，已不見玉婉的蹤影。

玉婉轉過了幾條街，在大清早的街市上，都是冷冷清清，那老頭兒也已經無影無蹤。玉婉非常失望的在街上彳亍着，不知不覺的走到了白石客棧的門前，正碰上何掌櫃的從裏面出來。

「啊！玉婉姑娘，好早啊。」何錫義笑呵呵的對玉婉打招呼。

「何大叔！你看到那個老頭兒沒有？」

「哪個老頭兒？」何錫義一楞。

「呃！就是被你趕出去的那個老人家呀！」

「哦！」何錫義恍悟過來，「沒有，沒有再看到過他。」

「我看到了！」店小二突然在裏面答了腔。

玉婉立刻就走進客棧的廳堂，追問說：「他人哪？」

「剛剛走了！」店小二的手一揚。

「走了？」玉婉有點愕然，「走哪去了？」

「我怎麼知道。」店小二的表情顯得稀鬆平常，但接着說：「不過，他交給我一張字條，說是要留給你的。」

「唔？」玉婉不免心頭一喜，「快拿來。」

店小二從口袋裏掏出一張小字條，交給玉婉說：「我不識字，你自己看吧。」

玉婉接過字條，展開來一看，上面只寫了「虎妞」兩個字，反而更使得玉婉納悶了。

何錫義趕過來，責備店小二說：「小兎崽子！你怎麼沒有告訴我呀！」

店小二咕噥着說：「我還沒有來得及嘛！這有什麼關係，人家又不是要交給你的。」

何錫義一頓足：「你懂個屁！」忽而又自覺失言，轉而對玉婉，尷尬一笑的說：「上面寫的什麼？」

「沒什麼。」玉婉故作平常的唐塞過去。

但當玉婉轉身要走出客棧的時候，忽聽後面有一個東北人的口音，高聲說：「姑娘！可是要找那個老叫化子嗎？」

玉婉回頭一看，是一位陌生人，獨自坐在客棧廳堂一角的一張桌子旁，正在喝早茶。那人不待玉婉問話，就又接着說：「俺們可以告訴你一些情況，要聽嗎？」

玉婉見這人口氣輕飄飄的，表情也有點不太正經的樣兒，就不願意答理了，但只說了一聲：「謝了！」就匆匆的離開了客棧。

但那人在後面，却又發出了一陣哈哈的笑聲。

二〇

梅姑在井邊洗衣服，沙一風在幫梅姑提水，然後蹲在地上跟梅姑說話。梅姑低着頭，雙手在搓板上使勁的揉搓着衣衫，同時有一句沒一句的回答着沙一風的話語，前額上的一綹秀髮掉落在眼簾，隨着上半身用力洗衣時的前後搖動姿勢，那一綹秀髮也在前額上一張一合，顯露出有一種很美的浣女情態，這直看得沙一風意亂情迷。不知沙一風又說了一句怎樣逗趣的話，使得梅姑不由得一揚頭，順勢舉手捋起垂在額前的那一綹髮絲，嫣然一笑，無盡風采，那更加美極了。這幾乎使沙一風爲之醉倒。梅姑輕輕一擺手，示意要沙一風走開。但沙一風反倒一屁股坐在石墩上，盤起腿來，索性不動了。梅姑莫可奈何，嬌嗔的一笑，就又低着頭繼續的洗衣裳。

玉婉站在後院的院門口，看到了井邊的這一番情景，就忍不住的走了過來，衝着沙一風，沒好氣的說：

「喂！你不去蹓馬，還呆在這兒做什麼？」

「已經蹓過了！」沙一風也沒好氣的回答着，眼睛只一瞟的仍坐在地上不動。

梅姑這時不便插口，只顧低頭洗衣服，把已經洗過的一大木盆水，掀起一邊傾倒在井邊水池槽內，流了出去。沙一風立刻起身，把水桶裏的清水，倒入木盆中，又從井裏打起一桶水來，放在梅姑身邊之後，就對玉婉輕輕「哼」了一聲，走開了。

「你別不高不興的！」玉婉不饒人的在背後指着沙一風叫嚷，「男人有男人的事，你釘在女人身邊算什麼，也不害臊！」

沙一風聽到了，也沒回頭答腔，就進入前院去了。

梅姑終於撲赤一笑的說：「我趕不走他，剛巧你來了。」

「梅姑！你以後別再答理他，他就像麥芽糖一樣，粘得很哪！」

「也沒有什麼，」梅姑似有意無意的爲沙一風解說，「他是好意來替我打水的。」

「哼！」玉婉不以爲然，「他是故意來對你獻慇懃的，他就只會對女人討歡心。」

「其實，我看他已經改好了。」梅姑的口氣，仍然是平平淡淡的。「不再像過去，大家說得他是那樣遊手好閑了。」

「就只一點，他對女人，還是跟過去一樣的自命多情，從前他對我大嫂秀鳳表錯情，現在又對你下工夫追求了。眞是本性難改的呀！」

梅姑聽了玉婉這番直率的話，就停住手，站起身來，溫婉的說道：

「玉婉！我是個苦命女子，自從遭到土匪的刼難之後，我就離開了家，現在又生變故，我很感激白鎮長收留我，你們全家都對我很好，尤其是你對我更像親姐妹一樣。」

「所以，我才特別關心你，不願意讓沙一風再來對你糾纏個沒完。」

「可是，你也是知道的，」梅姑忽然又傷感的淚光閃閃，咽啞着喉嚨說：「我的身子，已經被土匪蹧蹋過了，別人都用不同的眼光看我，惟獨他不計較這些，反倒對我好，這敎我怎麼能不……」

梅姑傷感的說不下去了，抖一抖手上的水漬，撩起衣袖來，抹去眼角的淚珠。玉婉已被梅姑的這番話，激起了更深的同情與憐憫，伸手撫摸着梅姑的肩膀，安慰她說：

「梅姑！你不要再傷心了，我並沒有什麼不好的意思，祇是怕沙一風再欺負你。」

「不會的，」梅姑嚥下口水，强忍住悲凄，「我看得出來，他是眞心的，他的確已經改好了，他自己也說，自從上次攻打日本浪人，他負過傷之後，才眞正覺得自己長大了。」

「嗯！」玉婉勉强同意了梅姑的看法，「但願他以後不再荒唐胡鬧了。」

「他親口對我說過，他爹臨終把他託付給白鎮長，把他扶養長大，自恨不成器，吃喝嫖賭，浪蕩成習，他現在已經覺悟了，知道白大伯對人家的遺孤，是不便於管敎太嚴格的，如果自己再不爭氣，那就對不起死去的爹了！」

梅姑一口氣說完了這段話，使得玉婉頓感意外，愣愣的看着梅姑，又追問說：

「他眞的對你說過這些話？」

「我還會撒謊嗎?」

「我這還是第一次聽到!」

「而且,他在對我說這些話的時候,還有點眼淚汪汪的樣子。」

「這麼說來,可眞是浪子回頭了。」

「他能够自個覺悟,的確難得,大家應該相信他才好。」

「嗯!」玉婉深深的一點頭,「這當然是一件可喜的事。」

「所以,我也鼓勵他,別讓大家再對他失望。」

「這可能是他對你有了眞感情,所以,才肯對你說出這些眞心話。」

「但是,我倒並不想……」梅姑一時又嬌羞的欲言又止,低下頭去,整一整上衣。

玉婉心想,梅姑也够苦命了,前些年被土匪頭子單虎臣打刼强暴受了孕,經過媒婆吳大娘的暗中安排,要她大嫂假裝懷孕生下遺腹子,用來安慰她老爹的喪子之痛,不料後來却被單虎臣誤作爲白家的嫡孫擄了去,勒索不成又撕了票,活該這個土匪頭子遭到報應,親手撕了自己的親骨肉,祇是害苦了梅姑搶天呼地的痛不欲生,而今梅姑的心情總算平靜下來,如果能有一個好歸宿,不也是一件好事嗎?玉婉想到這兒,就忽而笑盈盈的對梅姑說:

「梅姑!這也沒有什麼怕羞的,如果沙一風眞能從此改好了,如果你也眞的喜歡他,我當然也贊成你們兩個成親,女人總歸是要嫁人的。」

「呀！這件事還早着哪。」梅姑更羞得粉面低垂，又坐下去洗衣服。

玉婉上前一步，站在梅姑的背後，雙手按在梅姑的肩上，嘻嘻的說道：

「早不早，到時候自然就會成了。反正沙一風是不會離開我們白家的，你將來嫁給他，也還是跟我們住在一起。放心，我照樣能够照顧你的。」

梅姑仰起臉，回轉頭來對玉婉一望，笑着說：「你還不是要嫁出去的？」

「我才是還早哪！」玉婉却不勝嬌羞的，紅着臉走開了。

△　△　△

玉婉到了前院，經過穿堂，忽然看見大嫂秀鳳站在堂中通道上，正在對着甘玉堂的後背，比試一件新衣服，玉婉不由得一楞。

甘玉堂首先發現了玉婉走來，立刻尷尬的對玉婉笑了笑，趕緊解釋說：

「玉婉姑娘！鎮長嫌我的衣服太破舊了，要我另做一、兩件新的，只好痳煩大嫂子的巧手了。」

「其實，我也不太會做男人的長衫小褂，爹要我替甘團練剪裁剪裁，就只好一面比試着，一面來做了。」秀鳳自自然然的一面對玉婉說話，一面仍在甘玉堂身上量着尺寸。

玉婉看這光景，心裏雖然有一點酸楚，但也不願意使得甘玉堂太尷尬，隨卽輕輕一笑說：

「我大嫂的手，是很巧的，保準做得合身錯不了。」

「祇是我太過意不去了。」甘玉堂仍感緬靦不已。

玉婉不再多言，也不願多停留，就走過了穿堂，轉過西邊走廊，回到了自己的房中。

△　△　△

玉婉獨自坐下來，又想起了哥哥，當年出外經商，在路上遭到刼匪發生槍戰而身亡，不由得又掉下淚來。如今，看到大嫂爲甘玉堂做新衣，那原該是她哥哥的福氣啊！這使得玉婉除了勾起傷心往事而外，又怎麼能不有一點妬忌呢！

但是，玉婉又轉念一想，爹曾經私下對她說過，實在不忍心讓秀鳳這樣年輕就守寡下去，而況又沒有子女，怎好對得起人家的女兒，這總是爹的一件心事。如今，爹要大嫂給甘玉堂做新衣，是不是爹有意要作什麼安排哪？不管怎樣，既然是爹的意思，做女兒的自然不必多問了。

玉婉的心緒定了下來，就把剛才所看見的景象，從頭再往好的方面想，梅姑和沙一風可能成爲一對；秀鳳和甘玉堂也可能成爲一對，那自己又將會怎樣呢——玉婉心裏突然一震動，立刻又取出老叫化子前天留下的那張字條，再看上面只寫的「虎妞」兩個字，究竟是什麼意思呢？只比早幾天那個神秘女子留在石碑上那塊紅布上的一個「妞」字，多了一個「虎」字，這是不是指的同一個女子的名字呢？這是不是就是那個神秘女子的名字呢？如果是的，那老叫化子又跟虎妞有什麼關係？這一連串的疑問，難道都是跟谷青的下落有牽扯嗎？——玉婉猛然又想起，前天在白石客棧那個東北口音人說的話——

「姑娘！妳是要找那個老叫化子嗎？——我可以告訴妳一些情況，要聽嗎？」

玉婉想到這兒，心裡不由得又是一震。她立刻衝出房去，一逕的快步向外走，在前院的走道上，幾乎跟甘玉堂撞了個滿懷，但玉婉不暇言語，就擦身而過。這使得甘玉堂楞住了：

「玉婉姑娘！妳……」

△　△　△

甘玉堂的一句問話，還沒有說出口，玉婉却已跨出大門去了。

玉婉跑進了白石客棧，迎面就碰見了何掌櫃的，一把抓住何的衣袖就問：

「何大叔！那個東北口音的客人，走了沒有？」

「他就要走了，現正在樓上房間裏整理行李。」

「在那一間？」

「西首第一間。」何掌櫃的十分愕然，緊接着就問：「妳有什麼事嗎？」

玉婉也不回答，轉身就去登樓。何掌櫃的追了幾步，站在樓梯口，仰起頭，望着玉婉的背影，還直在叫喚：

「玉婉！女孩兒家，不要上去。」

但是，玉婉頭也不回的，三步併作兩步的就登上樓去。何掌櫃的在樓下急得直打轉，不跟上去不放心，跟上去又怕玉婉的脾氣使他受不了。

玉婉只敲了一下房門，不等房裏人答話，就一推房門進去了，冷不防被門後伸出來的一隻手，一把揪住了肩胛，玉婉想要掙脫，但已動彈不得，回頭一看，正是她所想要見的那個人。

「放開！」玉婉很生氣。

「俺們看妳有點來意不善的樣兒。」

「我沒有惡意！」

那人放開了手，說道：「姑娘！小心了。」

玉婉轉過身來，雙手叉腰的質問說：

「你幹麼要這樣對我？」

「防備意外，總是應該。」那人又平靜的繼續整理行囊，「聽說姑娘是有武功的。」

「現在妳知道了！」

那人冷笑一聲說：「還差得遠哪！」

「今天不是跟你比功夫！」

「那姑娘突如其來，又爲了什麼？」

「怕你走掉了！」

「有何指教嗎？」

「我是來向你請教，」玉婉逕自坐下來，「你不是說過，你可以告訴我一些情況嗎？」

「哦！是關於那個老叫化子的事嗎？」

「不！我想要知道谷青的下落。」

「唔？」

那人訝然一聲，緩緩的也坐了下來，楞楞的看着玉婉，細細的在思量，不知說什麼才好。這使得玉婉，反倒也愕然了。玉婉又說道：

「你能知道那個老叫化子的情況，想必也會知道谷青的情況了？」

「不能這樣的連想，」那人變得慢條斯理的樣子，「前天，是因爲你到客棧來找老叫化子，所以，我才說了那句話。」

「你是跟他一起來的嗎？」

「俺們是來追他的，不巧，他剛剛離開了白石鎮。」

「你貴姓？」

「小姓封。」

「那老叫化子姓什麼？」

「他姓巫，名字叫巫成。」

「你們是朋友？」

「俺們是仇家！」

「啊？」玉婉一驚，「你是來尋仇的？」

「俺們是來追討那半張地圖，」封某一下又氣起來，「在他身上。」

「是什麽地圖？」

「姑娘別問這個，」封某改變話題，「你找他，可是要討教少林派的拳法吧？」

「最初是的，但現在又想從這條線索，打聽谷靑的下落。」

「那俺們就無法回答了。」

「先談一談那半張地圖的事也好。」玉婉又多了一個疑問。

封某忽而又納罕了，咂着嘴兒不說話。這時候，封某望見何掌櫃的在房門外晃來晃去，就更加的絕口不談了。

玉婉立刻起身，竟把房門關上了。

何錫義被玉婉隔絕在房門外，心裏十分不自在，一氣就又下樓去了。

二二

「一個大姑娘家，跟些陌生人碰頭，成什麼體統，快去找她回來。」白鎮長在內廳踱來踱去的吩咐着左右。

「沙兄弟已經去找她了。」甘玉堂站立一旁答話。

「一風不會辦事，還是你走一趟吧。」

「好的，我這就去。」

甘玉堂一步剛踏出廳堂的門，就看見沙一風匆匆的回來了。甘玉堂急忙問道：

「找到玉婉姑娘沒有？鎮長正在問哪！」

「找到了，她馬上就回來。」沙一風進來廳內，就對白鎮長報告說：「大伯！玉婉送那個東北人出鎮，在園子外面，還又談了一陣子話。」

「你沒要她立刻回來嗎？」

「我說了，」沙一風吞吞吐吐，「可是，玉婉要我先走開。」

「你就沒有跟那個東北人打招呼，探探口氣嗎？」

「我揷不上口，」沙一風搓搓手，「玉婉只顧跟那個人說話，一面往前走。」

「你眞沒有用，」白鎭長輕輕的責備沙一風，「那你也不應該先就走開呀？」

沙一風不再說話，轉頭望一眼甘玉堂。

甘玉堂上前一步說：「鎭長！放心好了，玉婉姑娘很伶俐，決不會有什麼意外事故的。」

「不是我不放心，而是感到很奇怪，玉婉爲什麼會有這種擧動？」

「等她囘來，問個明白，也就是了。」甘玉堂並不覺得有什麼不妥。

大家正說話間，就見玉婉興冲冲的囘來了。白鎭長劈頭就責問：

「玉婉！何掌櫃的告訴我，你跟客棧的一位生客，發生了衝突？」

玉婉一怔，答道：「這可奇了，怎麼能說是發生了衝突，我只不過是向他打聽一下，先前曾見到過的一位叫化子模樣的老人家，是什麼來歷。」

「玉堂說，你想要討敎少林派拳法，可也不必這麼急呀？」

「可是，那老人家臨走留下一張字條給我，更引起了我的好奇。」玉婉說着從衣襟內掏出那張字條來。

白鎭長接過字條一看，沉吟道：「這上面的『虎妞』兩個字，是不是跟『青州奇俠』石碑上的那塊紅布的『妞』字有關係呢？」

「我就是有這個猜想，剛巧這位生客，却說知道那位老叫化子的情況，我當然想從這個線索，去打聽谷青的下落了。」

「嗯！」

白鎭長點頭應了一聲，就不再言語，緩緩坐下來，拿起了水煙袋。沙一風趕忙劃火柴，點燃了一根紙信子，遞在白鎭長手中。白鎭長一面沉思，一面慢慢裝上煙絲，吹着了紙信子燃起煙來，呼嚕呼嚕的吸了幾口，吐出一團濃濃的煙霧，而後說道：

「當然能够知道谷青的下落最好。」

甘玉堂也關心的對玉婉問道：「有結果沒有？」

「說來話長！」玉婉一時不知從何說起。

「你說說看。」白鎭長反而更急欲知道。

「那個姓封的東北人告訴我，老叫化子姓巫，叫巫成，福建人，是嶺南少林拳高手，跟廣東的林……」玉婉說不上來，就又從衣襟內掏出一張筆記的紙片看着，「哦，他跟廣東的林世榮有點師兄弟關係，他們的師祖是黃飛鴻，師祖的太老師是陸阿采。那位太老師是從福建少林寺，學得了少林派的五形拳，一脈相傳。……」

「唔？福建還有一座少林寺？」白鎭長揷口問了一句。

「有的。」甘玉堂在旁解釋說：「自從河南嵩山少林寺，被淸世宗雍正皇帝焚毀之後，僧徒四散，有些投奔到福建九蓮山少林寺棲身，使得南北拳法合流，一時又興旺起來。」

「那清朝就唯獨留下九蓮山的少林寺嗎？」白鎮長又追問一句。

甘玉堂繼續解釋說：「雍正皇帝在位十三年駕崩之後，清高宗乾隆皇帝繼位，本來已經不再追殺少林寺僧徒，但在乾隆三十二年，武當派的馮道德與峨嵋山的白眉道人高進忠，却向清廷密告九蓮山少林寺是反清復明的總機關。於是，馮道德和高進忠就勾結清兵幾千人，圍攻九蓮山少林寺，一把火又燃爲平地，只有極少數的僧徒幸得逃脫，也該當少林拳術不絕於世。」

「哦！原來還有這個掌故。」白鎮長不禁搖頭歎息，又對玉婉說道：「你再說下去。」

「姓封的那人也說不清楚他們是幾代門徒，但知他們仍在各地秘密設館傳授少林拳法，承襲少林衣鉢，融合南北精華，又創出虎鶴雙形拳法。民國六年，林世榮投效廣州福軍擔任武術教席，巫成也常來常往，谷青就是在那時候，也在福軍中學得了少林拳，同時也練好了洋槍的槍法。」玉婉一口氣說到這兒。

沙一風聽得津津有味，不由得揷口問道：「那谷青怎麼會單獨闖蕩江湖呢？」

「幾年之後，福軍參加革命軍北伐，林世榮以年老請辭福軍教席，但仍恢復設館授徒，而谷青在這時候也離開了福軍，不知去向。」玉婉停了一下，接着又表白說：「這些話，都是我從封某人的口裏聽來的，封某人是從巫成那裏聽來的，確不確實，我就不能斷定了。」

「可能是確實的，」甘玉堂表示他的看法，「我想起以前谷青到天風寺的時候，就曾經對郝大當家的談論世局，勸說大家在這亂世，應當歸正報國。從那些話語，再看谷青盡力安靖地方的一些正當作爲，雖說他是匹馬單槍的行俠仗義，豈不也就像是在策應北伐軍嗎？」

「對！」白鎭長擱下手中的水煙袋，一拍掌說：「這麼說來就對了，谷青到濟南衝入日軍大營投彈，可不就是俠士的壯烈一擊！」

「現在就是不知道，谷青究竟怎麼樣了？」甘玉堂的神情，更加納悶。

「我就是最關心這個——」玉婉衝口而出的表明了心思，但立刻又不由得臉紅而止口。

「那個姓封的不知道谷青的下落嗎？」白鎭長也很關心的追問玉婉。

「他說那個老叫化子可能也不知道，只有虎妞或許已經得到了一點線索。」

「所以，老叫化子是來追尋虎妞的？」白鎭長以此推斷着。

「對！」玉婉順口說下去，「那姓封的又是來追尋老叫化子的。」

「可都是爲了尋找谷青的下落？」

「不完全是，」玉婉又加以解釋，「那姓封的只不過是爲了尋找老叫化子來的。」

「這又是什麼緣故呢？」白鎭長一時攪不清了。

玉婉遲頓了一下，才回答說：「那老叫化子並不是一個眞的叫化子，只不過如同一個遊走四方的酒肉和尙，他熟悉大江南北，也到過東北，外表上看起來像個叫化子而已！」

「我是問妳，那姓封的又是爲什麼事，來尋找老叫化子？」白鎭長以爲玉婉沒有聽淸楚而答非所問。

玉婉轉頭看看左右的甘玉堂和沙一風，有點不便開口的說：「我對姓封的有承諾，不能隨便把原因傳揚出去。」

甘玉堂很知趣，對沙一風使了一個眼色，二人退了出去。

白鎮長反倒不以爲意：「何必要他們廻避，妳就快說吧！」

「爹！」玉婉神秘的湊近白鎮長身邊說，「那姓封的得了半張藏寶的地圖，但另外半張在老叫化子身上，不肯交給他，所以他就四處追踪老叫化子索討。」

「我不相信，在什麼地方還有藏寶那回事。」

「是眞的！」玉婉很相信那回事，「他說，在東北長白山上的什麼秘密地方，有當年紅鬍子隱藏下來的金銀珠寶。後來紅鬍子被日本關東軍消滅了，也就沒有能夠找到藏寶的地方。」

「那恐怕也只是傳說罷了！」白鎮長還是不相信。

「總歸是有藏寶地圖這回事。」玉婉又加重語氣說：「因爲那姓封的也是道上的人物，武功不差！」

「我們只關心的是谷青的生死下落，還有那個來到此地，在谷青石碑上掛紅布的女子虎妞，究竟是什麼人？」

「那姓封的說，這要去追問老叫化子，才能够弄個明白。」玉婉心思不定的樣子。

「聽玉堂告訴我，前天一大早，那老叫化子曾經到咱家後院，看你練武，還給你指點過？」

「後來我才猜想到，他是不是已經知道了一點，我們家都對谷青有好感。否則，他又爲什麼只留下『虎妞』兩個字的紙條，要店小二轉交給我呢？」

「嗯！這好像是特意對你有所暗示。」

「可又奇怪了！」玉婉又疑惑不定的樣兒，「這是不是暗示虎妞是谷青的什麼親人？還是暗示要我去追尋虎妞，才可以得到谷青的下落呢？」

「呀！你怎麼可能去追她。」白鎭長一口回絕。

「不！」玉婉堅持着：「爹！你不想想，谷青對我們白石鎭有恩，大家不是都懷念他嗎？」

白鎭長深深的點頭。

玉婉又趁機加重感情的說：「爹是知道女兒的心事的，爹不也認爲谷青的人品挺好的嘛！」

白鎭長看着女兒的那一副嬌憨表情，忍不住的輕笑了一聲說道：「哈！這麼大姑娘家，也不怕羞，你怎麼好去尋找虎妞打聽谷青，萬一虎妞跟谷青是有婚約什麼的，那你又怎麼好意思？」

「有什麼關係！」玉婉一揚頭，毫不在乎的樣子，「能揭開這個謎，也認了。最重要的是必須知道谷青如果還活着，那就比什麼都好。」

「嗯！」白鎭長深以爲是，但也提出了另一個問題，「祇是人海茫茫，你又能往哪兒去尋找呢？」

「那姓封的說，他知道老叫化子在天津有一個徒弟，這個徒弟跟虎妞可能也認識，所以，他是要趕往天津去追踪老叫化子。」

「你也打算追到天津去嗎？」

「當然只有這條路了，姓封的對我約好，如果我要追去，三天以後的中午，在天津火車東站跟他見面。」

「啊！這太有點冒險了，」白鎭長連連搖手，「在這兵荒馬亂的當口，革命軍已經包圍了北京城，在天津的日本租界裡駐紮的日本軍隊，平時就欺凌中國人，這時候必定又會破壞北伐統一，你怎麼能去得？」

「正因爲這樣，如果谷青眞的還活着，就很可能會被押解到那個地方看管。我猜想虎妞和老叫化子都去了天津，其中不無道理。是不是？」

白鎭長似乎被玉婉說動了，又抓起水煙袋來，點燃煙絲慢慢地吸着，也沉思着，但是半天不說一句話。

玉婉有點着急的說：「如果爹實在不放心，那就要甘玉堂陪我去走一趟，也好。」

「要嘛！就叫沙一風陪你去，你們是從小一塊長大的，總比較方便一些。」

「我才不要他陪着去哪！」玉婉一口拒絕，「他辦不了什麼事，反而可能會壞事。」

「可是，他總比別人好聽你指揮啊！」

玉婉默然了，想了一會就說：「好吧！我這就去找一風來。」

玉婉立刻像一陣風似的出了內廳，但到了沙一風的房間，却並未見到他的人影，心想他可能又溜去「寄香書寓」，找風塵女人們吃酒鬼混去了。

玉婉跑到後街的「寄香書寓」，却仍未能找到沙一風，而且老鴇還抱怨說，他很久都沒有來過了。這種情況，反倒使得玉婉大感意外。

玉婉回到家裡，已經是黃昏時分，有點着急，心想還是不如去找甘玉堂商量陪她去天津，但在經過西跨院梅姑房門前，忽而意外的聽見有人在梅姑房裡談話，不由得湊近窗前一聽，居然是沙一風的聲音，玉婉心中又氣又惱，就索性聽下去。

「不要這樣，你快出去，給人家知道了不好。」

「我只要親你一下就出去。」

「半下也不可以，你應該徹徹底底的改正自己，千萬不能再讓人家看你不成器。」

「我是眞心的對你好，再也不會去招惹別的女人。」

「那你就應該尊重我，凡事有個分寸，有個規矩，才好證明你是眞的已經洗面革心。」

「好的，只要你也是眞心對我好，我一定聽你的就是了。」

「人不管過去怎麼樣，也不管有過什麼遭遇，只要能夠重新的振作起來，往後還是可以教人家另眼相看的。」

「對！你說的很對，我也已經一天比一天覺悟過來，尤其是有了你對我的感情以後，我就覺得生活有意義的多了，好像長了不少的年齡。」

「你能有這樣的想法，我當然也高興，希望你以後多做一些正事，少吃酒，少遊蕩。你在外面的言談舉動，也要隨時多檢點，知道嗎？」

「知道，我決不會讓你失望的。祇不過……」

「祇不過什麼？」

「大家對我的觀感，好像總是不容易改變。」

「不要怪別人，一切都全在自己，時間久了，自然會證明你是怎麼樣了。」

「嗯！這話也對。」

「聽我的話，你快出去，以後也少到我房裏來。」

「好的。」

玉婉聽到這兒，趕快悄悄的走了過去，躲在屋角後面，望見沙一風出了梅姑的房，往前院去了。

在晚飯過後，玉婉才把沙一風叫到白鎮長跟前，說明了要去天津的事。沙一風思考了一下，就老老實實的說道：

「大伯要我陪玉婉去，這是把我當作親子一樣看待，我也很願意出去一趟。但是，這件事可能會遭遇一些意料不到的問題，天津的環境複雜，無論從機智、武功和應付事故方面，我都比不上甘玉堂。更何況，如果眞能找到了谷青，他也不見得就會信任我。」

「咦？一風！」白鎭長感到驚喜，「你怎麼會變得謙虛起來了？」

「這是小侄的實話。」

「你不會是怕事吧？」

「這決不是怕，如果大伯一定要我去，我不再說第二句話。」

「嗯！」白鎭長滿意的點點頭，並轉頭看了看玉婉也有滿意的表示，然後又對沙一風說道：「一風！你剛才的顧慮，的確也有道理。天津有各國的租界，人物混雜。不是外地人所能應付得了的。」

「爹！還是要一風陪我去好了，讓他出去辦事多得點經驗，對他也好。」玉婉說着，還對一風作了一個善意的微笑，這是過去所沒有過的表情。

但沙一風却對玉婉的這種表情，反倒覺得怪異不解？而楞楞的望着玉婉。

白鎭長又沉思了一下，才說道：「旣然這麼着，就讓我再考慮一晚，趕明兒一大早再作決定吧！」

二二

月黑風高，海浪滔滔。一波又一波的浪頭，冲擊在大沽口岸的岩石上，拍起了銀花四濺。陽曆的五月末，在北方還是春寒抖峭的季節。入夜清涼如水，海風中帶有鹹味，却也瀰漫着冷冽之氣。

忽然來了一縷亮光，掃過了大地。那是從遠處開來的一輛卡車上的明亮的車燈光束，照得這一處海邊高崖上的景物，也隨着光線跳躍不定。

卡車在距離懸崖大約兩百公尺的地方，突然停止下來，熄了車燈。整個大地，又陷於一片黑暗之中。

在朦朧的夜色裏，但見卡車周圍有幾個人影晃動，接着就從卡車上挾持下來一個人，被推向懸崖邊，使那人背向大海而面向卡車站立着，只聽得有一句日本話大叫一聲，這邊又開亮了車燈，正對着懸崖上，始見那名身穿唐裝短襖的被挾持者，是被一條黑帶子蒙住了眼睛，左右兩名日本兵立刻跑佪卡車前，幾乎是同時在車頭的兩盞車燈中間，出現了一名便衣者，舉起槍來就射了一發子彈，槍聲劃破了寂靜的夜空，而在懸崖上的那名漢子，就應聲倒地。

這時候，又聽得一陣日本話伊里哇拉的交談聲，其中兩名日本兵又走向懸崖，但剛走到一半，就突然聽得左右兩側的槍聲大作，車燈立刻熄滅。那兩名日本兵又轉身跑回卡車邊，跟其餘幾名日本兵一起倉惶應戰，但因四處黑夜茫茫，只能亂發空槍，而看不到任何目標。可是兩側的密集槍聲，却愈來愈近，日本兵都跑上了卡車，急速調轉車頭，連車燈都沒有打開，就顚顚簸簸的撤走了。

從海岸北邊跑出來三個人——兩男一女，都快步跑到懸崖上，圍繞在死者身邊，但見死者是撲仆在地，臉孔埋在雜草中，雙手是被倒縛在背上。

這三人中的一名男子，把手槍往腰中一挿，並頓足歎息說：「唉！他媽的巴子，我們遲了一步。」

女的立刻「哇」的一聲，掩面痛哭。

另一個男子，從懷中抽出刀子，上前把死者背上的雙手繩索，一下就割斷了。

這時候從海岸南邊，也跑出來了一男一女，其中男的還手擧短槍，大聲一喝道：「都不許動！」

「老小子！你昏了眼了。」先到達的那個男的，指着對方駡。

這「老小子」走近一看，却又反唇駡道：「王八蛋！你不是說你不來幫忙的嗎？」

「俺們是看在都是中國人的面子上，並不是衝着你老小子來的！但是，都已經晚了啊！」

對方那個仍在哭泣的女子，上前來哭叫道：「老伯伯！你還認得我嗎？」

這老頭湊近一看：「啊！白姑娘，你怎麼來的？」

但在老頭身邊的一個女子，却感不耐煩的嚷道：「你們只顧吵嘴，瞎扯，就把救人的事都擱開了！」她說着就上前蹲在地上，把死者翻轉過身來，用手一摸胸前有一片濕漉漉的鮮血，不禁放聲大哭的喊道：「谷大哥！原諒我虎妞，來晚了一步啊！」

白玉婉聽是虎妞，不由得心頭一震而自已停止了哭泣，反倒上前把虎妞扶起來，隨即對身邊的一個男子說道：

「甘大哥！快點，我們把他的屍首揹走，運回白石鎮安葬。」

甘玉堂雙膝跪在屍體邊，俯下身去，把一隻耳朵貼近死者的鼻孔，仔細的聽了聽，忽而一怔的挺起腰來，立刻解開死者胸前的衣扣，把手伸進去摸索了一遍又一遍，却自言自語的說道：「奇怪？怎麼摸不到傷口！」

老頭一驚的轉而質問說：「封志道！你搞什麼名堂，你先跑到了這兒，怎麼也沒有弄清楚情況？」

「他已經完蛋了，還有什麼好說的！」封志道對巫成是不會有好聲好氣的。

「甘大哥！他究竟怎麼樣？」玉婉有了疑惑。

「好像還有一點兒鼻息，但是也很難斷定。」

「那就快點揹他走，這兒不能久留。」玉婉有點惶悚不安：「說不定日本鬼子又會回來對付我們！」

巫成說道：「虎妞！快去把馬拉過來，先把他馱回去再說。」

「不必躭誤時間，」甘玉堂一下子就把屍首扛在肩上站起來，「馬在哪兒？」

虎妞一揮手，領着甘玉堂快步前行。

大家都跟了去。

留下的又是一片大地沉寂，忽而一波巨浪，又打到了高崖下的岩石上。

二三

大夥兒匆匆夜行，也不知道走了幾個時辰，已見東方天空泛出了魚肚白。人困馬乏，脚步都慢了下來。虎妞在前牽着兩匹馬，一匹馬馱着谷青的屍體欄腰橫搭在馬鞍上，玉婉和玉堂在旁護持着谷青的屍體。封志道和巫成在後跟着，一路上嘰嘰咕咕的談個沒完，別人也聽不清楚他兩個是在說些什麼，而且也沒有精神去聽別的話。

天光漸亮，甘玉堂繞着馬匹仔細看了一遭谷青的屍體，就自言自語似的說道：

「奇怪？怎麼不見再流血出來？」

玉婉却踉蹌着步子說：「我實在走不動了！」

虎妞把馬停住，回過頭來對大家說道：「找個地方歇歇，馬也該進點草料。」

甘玉堂四下望望，說道：「在這荒郊野外，上不落村，下不落店，怎麼能歇得下來。」

封志道和巫成也趕上前來，四下張望。巫成一指右邊遠方，「那邊好像是一個小村子。」

「咄！」封志道又沒有好氣的罵巫成，「你喝酒喝花了眼，那明明是一片樹林子！」

「樹林子更好，」巫成揉一揉眼睛，打着呵欠，「可以掩蔽我們休息，沒有人看得見。」

虎妞不等大家再討論，逕自拉着馬，從田地上斜岔過去，直奔樹林子方向。

大夥兒走進樹林子，天色已經大亮，看見樹林裡面有一棟茅草小屋。虎妞回頭望一眼甘玉堂，甘玉堂一點頭就趕到前面去，三步併作兩步的到達小屋門前。

甘玉堂敲敲門，沒有人應聲；再敲了幾下門，並貼近耳朵仔細聽，屋裡仍沒有任何動靜。甘玉堂試着用力推門，推開了一條縫，覺得門裏有一根棍子抵着，伸進一隻胳膊去把棍子撥開，門也開了。甘玉堂先探頭一看，是一座兩間大的空屋，於是，對大家一招手，他就先進去了。

屋裡進門一間有爐灶，但是灶上沒有鍋，幾張板凳東倒西歪。裡面的一間房裡有一個炕，炕上鋪着茅草和一張破蓆子，蓆上佈滿了一層灰塵，擦也來不及，甘玉堂隨機應變的輕輕把蓆子翻轉過來，背面却是乾淨的。這時候，巫成和封志道已經把屍首抬了進來，平直的放在炕上，忽然聽到屍首咽喉裡「嗝」了一聲，大家都吃了一驚！

「啊！怎麼了？」玉婉驚叫了一聲而倒退了一步。

甘玉堂立刻把屍首胸前三層的衣扣全都解開，露出胸膛，把耳朵貼在心窩上仔細聽了一會，忽而高興的跳起來，說道：

「哈！他還活着。」

「唔？」封志道大感詫異，也上前趴在谷青的胸口上傾聽，不一會也跳起來，說道：「可不是還活着！」

「快點……快點找出他的傷口在哪兒……」巫成高興的連說話也結巴了。

「你們快生火！」甘玉堂說着，就不顧一切的先把谷青上身的衣服，全都剝下來了，在其身上翻來復去的找槍彈的穿孔，但除了發現谷青身上有好多個已經乾了疤的彈孔而外，竟沒有一個是新的彈孔傷口。甘玉堂不由得又叫道：

「奇怪？連一個傷口也沒有。」

大家都楞了，都是驚喜的張口結舌。

甘玉堂立刻脫下自己身上的外套，蓋在谷青的身上，而拿起谷青的衣服，仔細檢查。這時候，屋內已經燃起了一堆木柴火。大家又都圍攏來，看甘玉堂作檢查。

甘玉堂從短襖外面的左胸部位，首先發現了一個彈孔，用指頭戳進去，但是並沒有洞穿，再一看反面却沒有彈孔。甘玉堂又說了一聲「奇怪」？接着再檢查裡面兩件衣服，也找不到任何彈孔。

「妙了！」封志道不明所以的用手一拍說：「那——這些血又是從哪兒來的呢？」

甘玉堂把衣服上有血跡的地方，仔細的聞了又聞，然後說道：「這好像不是人血的味道哩！

」

玉婉在旁不經意的說了一句：「這還是件嶄新的棉襖哪！」

甘玉堂似有所感的把棉襖面上的彈孔撕開一看：「嗯！眞是新的，裡面還是絲棉哩！」甘玉堂又用手指一撥弄，只聽得有件東西「叮」一聲掉落地上。

玉婉立刻蹲在地上尋找，忽而叫道：「啊！是一粒彈頭！」玉婉站起來，托在手心中給大家看。

巫成很感納悶的說道：「這眞是太玄妙了，怎麼會沒有穿透這件棉襖呢？」

甘玉堂乾脆把絲棉也扯開來，却抽出一個有彈孔的盛着血水的油紙袋，再往夾層裡一探，突然又發現了奇怪的東西，不禁驚訝的說道：「這是什麼東西，又軟又硬的？」

巫成說：「你把它拉出來看看。」

甘玉堂再撕開了內層的絲棉，抽出來三張疊在一起的薄薄的金屬片，大約八寸見方，像是錫箔紙那樣輕，但似乎韌度又很强。

「呀！這是什麼玩意做的？」

大家都不認得這是什麼東西。

甘玉堂指着三張金屬片上的同一個凹點說：「你們看，這兒就是彈着點，彈頭已經把這三張東西頂得凹進去一個洞，但是並沒有穿透它！」

大家看了之後，巫成首先「格格」的笑了起來；他勾着頭，又從懷裡掏出酒囊來，猛喝了一大口。

「老小子！你就一個人喝嗎？」封志道一把奪過酒囊來，也喝了一大口，又遞給甘玉堂。

但是，甘玉堂搖搖頭，順手又把酒囊還給了巫成。甘玉堂忙把衣服穿回谷青身上。

「哎呀！你們都別只顧喝酒了，」玉婉急得一跳脚，「快點想辦法救醒谷青啊！」

封志道哈哈大笑一聲說：「放心吧！他還能活着有口氣，總歸是有救了。」

「你們笑什麼！」虎妞提着一桶水進來，很不客氣的大發怨言，「在這時候，谷大哥屍首挺在炕上，虧你們還能笑得出來！」

虎妞一氣把水桶擱在地上，水花濺了出來。

「姑娘！別發火，」封志道仍然笑呵呵，「他沒有死，他是在睡大覺哩！」

虎妞翻了一下白眼，憤憤的說道：「拿死人尋開心，簡直是心理變態！」

「你！」封志道氣得擱下了臉色，伸拳要打虎妞，被巫成上前擋住。巫成轉過身來對虎妞說：

「虎妞！不要誤會，谷青是真的沒有死。」

「啊？」虎妞瞪大了眼睛，似乎還是不相信。

玉婉跑過來拉住虎妞的手，安慰說：「是真的。」

虎妞立刻衝到炕上，細細的一看，就撲在谷青的身上，反倒哭的說不出話來。

玉婉慢慢把虎妞拉起來。虎妞却是喜極而泣地說道：「我在外面忙着給兩匹馬弄草料，不曉得屋裡又發生了這麼大的變化……」

玉婉把虎妞拉到一邊去說話。

巫成用雙手從水桶裡兜起一捧涼水，去潑在谷青的臉上。但是，仍然不見谷青有什麼反應。

甘玉堂說：「我出去想辦法，找個醫生來看看。」

「對！你騎虎妞的馬去，快一些。」巫成推着甘玉堂向外走。

玉婉趕上來說道：「甘大哥！順便帶點吃的東西回來，恐怕大家都餓了。」

甘玉堂點頭，走出屋子，一躍上馬，就飛奔而去。

巫成回頭一看，封志道坐在屋角，頭貼在牆上，已經呼呼大睡了。巫成也想靠着牆坐下來打個盹，却被虎妞一把拉到一邊去說悄悄話。虎妞貼近在巫成的耳邊問道：

「大師伯！這是不是你的大徒弟救了谷青？」

巫成沒有回答，祇是神秘的一笑。

「可是，我是先趕到了天津，怎麼沒有能够連絡上他呢？」虎妞仍追問不休。

巫成連連搖手，阻止虎妞不要再問下去。

這時候，靜坐在一旁的玉婉，却發覺坐在屋角的封志道，有一隻眼睛半開了一下，立刻又閉上了。玉婉不便揭穿封志道是在假睡，但又不得不故意轉變話題的過來對虎妞發問說：

「你是怎麼知道的，谷青在濟南不曾被日軍打死？」

「我沒有說我知道呀！」虎妞故意裝糊塗。

「那你到了白石鎮，在他的紀念碑上掛上了紅布，那還不是表示，你已經知道了他的下落嗎？」玉婉言而有徵的質問虎妞。

「那——」虎妞一下被問住，只好唐塞一句：「我只不過是這樣猜想的。」

「可是，你又怎麼知道的，他是被日軍從濟南解到天津來的？」玉婉步步緊追原由。

「當然是有一點消息了！」虎妞仍不肯吐實，却又反問玉婉說：「你又是怎麼知道來天津的？」

玉婉指一指巫成，作了答復。

虎妞又反問說：「但是，你並不是跟着我大師伯一起來的？」

玉婉看一下巫成。巫成緊閉雙唇。玉婉會意不便直說，就轉了個彎子含蓄的回答虎妞說：「封先生到過白石鎮尋找巫老伯，前後錯過沒能碰到面，封先生就又追到天津來。我和甘玉堂，是隨後趕來天津會見封先生。當晚才知道，要到海邊去救谷青，才又跟巫老伯和你遇上了。」

「哦——」虎妞拉着長長的尾音，嘴角上掛着俏皮的微笑，斜着眼神看玉婉，「所以，你終於遇見了我，你又想解開另一個謎，是不是？」

玉婉對着虎妞的這種表情，感到很不自在，臉色忽而沉下來，想要反識虎妞，但巫成立刻上前排解說：

「好了好了！都暫且別談這些，現在谷青的生死未卜，我們先休息一會兒，等甘玉堂請了醫生來，再作道理。」

玉婉和虎妞，都不再說什麼。

玉婉在屋內找出來一個大鐵盤，又像是一個淺底的鐵鍋，不知道是個什麼用途的東西，只管擦乾淨了上面的灰塵，從水桶裏倒出來一些水，盛在盤裏。說道：

「巫老伯，請先洗把臉，長長精神。」

巫成笑了一聲說：「哈！我還要洗什麼臉，十天半月的沒有一回，我就是習慣了這副老叫化子相哩！」

虎妞接口說：「愛漂亮的人，才會天天都想到洗臉，我大師伯可是醜慣了的。」

玉婉對虎妞翻了一下白眼，自已賭氣蹲下來，用手撩起水花在自已臉上拍了幾下，然後從身上抽出一條方巾，擦着臉，一面不甘示弱的咕噥說：

「漂亮不漂亮，是天生的，我就不相信，誰個女人能一輩子不洗臉！」

不料，虎妞却嘻嘻的笑了起來。她這一笑，反倒使得玉婉楞住了。玉婉心想：這個虎妞，眞是不男不女，忽喜忽怒，敎人捉摸不定的。

這時候，忽然聽到外面有馬蹄聲奔來，虎妞叫道：「聽！我的馬回來了。」封志道聞聲也一躍而起。

大家衝到屋門口，果然見甘玉堂帶着一位瘦小的老頭兒回來。馬雖然停下來，但坐在馬鞍後面的這位小老頭兒，兩臂仍緊緊的摟住甘玉堂的腰部不放。甘玉堂反手往背後抓住小老頭兒的一隻胳膊，就像提起一隻小鷄似的把他從馬鞍上放下來。然後，甘玉堂也翻身下馬，並從馬鞍前頭解下一只包裹，拎在手中，就拉着這位小老頭兒進了屋。

大家打量了一下這位瘦小的老頭兒，臉上的骨頭比肉多，但嘴唇上的兩撇八字鬍却是又黑又濃，身上一件粗棉袍，空空大大，好像也是包不緊他那一身的瘦骨頭。這使得虎妞不由得瞪大了眼睛，對甘玉堂問道：

「他是誰？」

「醫生。」

「啊？」虎妞很表詫異。

甘玉堂見大家的反應都不踏實，於是，就解釋說：「時辰還太早，在附近一個小鎭上的所有店面，都還沒有開門，我只好先到早集市場上，打了一轉，先買點吃的東西，剛巧發現有這一位賣草藥的先生。他說他可以治病，我就拉他來了。」

「哦！原來是一個江湖郎中。」封志道很不以爲然。

「什麼江湖郎中？」這小老頭兒立刻大不高興，眞的吹起鬍子，瞪了眼睛，「不相信的話，立刻送我回去！」

這小老頭兒說着，就拉着甘玉堂往外走。巫成立刻上前打圓場說：「老兄弟！別生氣，請多包涵，既然請你來了，救人要緊。」

「哼！這也得先讓我喘口氣才行。」這小老頭兒端起了架子，坐了下來，說道：「我被拖在馬背上，一路上的快馬加鞭，折騰得我的肝和腸子都打了轉哩！」

「哎呀！大夫，」玉婉着急起來，「請你就別耗時間了，還是趕快看病吧！」

這小老頭兒一揚眉頭說道：「病人在那兒？」

「在這兒！」玉婉一指炕上。

這小老頭兒走到炕前，伸手摸了一下谷青的額頭及體溫，又拉起谷青的手腕，把了一下脈搏，說道：

「這沒有什麼了不得的！」

「可是，他一直昏迷着，」巫成在旁訴說，「最要緊的，是先要把他救醒了才好。」

「這小老頭兒慢條斯理的，不慌不忙的，從懷中取出了一只小磁瓶，倒出來幾粒黑色的小丸藥，托在手心中，吩咐大家說：「倒一碗開水來，放點鹽。」

「啊！老天爺，」虎妞兩手一攤，「這兒旣沒有開水，也沒有鹽。」

甘玉堂急忙說：「剛巧我買了鹽來了，你就趕快去燒開水好了！」

玉婉和虎妞，立刻就慌慌忙忙的去想辦法燒開水。

封志道一頓脚，大聲說道：「這還能等時間燒開水嗎？眞是嚕嗦，乾脆給他用凉水灌下去就得了！」

小老頭兒一瞪眼，「怎麼可以亂來哪！」

「你別再賣關子啦！」封志道抓起一只飯碗，從水桶裏舀起半碗凉水，一手就拉着小老頭兒到炕前，嚷道：「你們江湖郎中這一套，我還不知道嘛！這些藥丸有效沒效，只有天知道，我們是無法可想，也只好讓你試一試罷了！」

「你不照規矩來，那我就不管了！」小老頭兒一氣，把藥丸都倒在封志道的手中。

封志道被弄得下不了台，但又不甘認錯，反而更强作主張的說道：「你不管，我來管！」

甘玉堂想阻止封志道的魯莽擧動，但已來不及了。封志道跳上炕去，一下子就把谷青拉起來坐在他懷中，用一隻大腿抵在谷青的背部，就要開始往谷青嘴裏灌藥的時候，突然聽得谷青喉嚨裡又「嗝」了一聲，接着就吐出一口氣來，這使得大家都楞住了。封志道在一驚之下，也不敢往谷青嘴裏灌藥了。大家就都怔怔的注視着谷青，沒有多久，谷青自己竟然慢慢的睜開了眼睛。

「啊！」大家都不由得驚訝了一聲。

谷青最初的視覺，好像模糊不清，連連眨了幾下眼睛之後，忽然自己坐直了身子，一臉愕然的問道：「這是什麼地方？」

封志道大感詫異的立刻跳下炕來，「他醒過來了啊！」

這時候，谷青已經可以看清了面前各人的臉孔，而很感意外的叫道：

「巫師伯！白姑娘！虎妞！還有玉堂兄！你們是怎麼來的？」

「哎呀！說來話長。」巫成上前扶住谷青，坐在炕沿上，拍着谷青的背部，又問道：「你現在覺得身體怎麼樣？」

「我已經又活過來了，」谷青伸展了一下四肢，又扭動了幾下腰背，「除了還有點頭暈之外，好像並沒有什麼不對勁的地方。」

「那就不必吃藥了。」封志道把手中的一些藥丸，又還給了小老頭兒。

谷青對封志道看了一眼，轉頭對巫成問道：「這位老兄是誰？」

「等會再談。」巫成轉身對甘玉堂使了個眼色說：「先送這位大夫回去。」

「不必送了，我自個可以走回去。」小老頭顯得有點懊惱，一伸手說：「付給我的藥錢！」

封志道一瞪眼說：「沒有吃你的藥，還要付你什麼錢！」

「哼！請我來看病，雖然不用吃藥，病人就好了，難道還不應該付錢嗎？」

封志道還要想爭論，被甘玉堂按下去，並立刻從懷中掏出一塊大洋，交在小老頭兒的手中，陪笑說道：「對不起，勞駕您了，請多包涵。」

小老頭兒似乎嫌錢少，但又忍住不再說什麼，就轉身而去。甘玉堂也跟了出去，一直送他到樹林外面。

甘玉堂回到茅屋時，巫成已經爲谷青介紹過了封志道。只聽谷青正在說道：

「……多謝封大俠相救。」

「不敢當！」封志道一拱手，「這比起谷兄弟，單槍匹馬，衝入日本軍營去投彈的那般壯烈行動，在下可就自愧不如了。」

「說起來，那在當時，我也只不過是憑着匹夫之勇而已！」谷青喟然一歎，吁了一口氣，接着說：「日軍在我們國土上，橫行無忌，目空一切，在濟南發生了五三慘案，濫殺我國的官員，魚肉我國的百姓，激起了全國憤慨。革命軍爲了避免事態擴大，影響北伐大計，只得忍辱一時。但凡有血性的中華兒女，怎不個個熱血沸騰。我打探得日軍第六師團長福田彥助，正在召集重要會議，還想要阻撓我革命軍北伐。所以，我就不惜孤注一擲，雖然自知必死，但也只求這一死而已。」

「這就是只見一義，不計生死。」甘玉堂爲之擊節讚賞，「谷兄可算是俠義之士，令人敬佩之至！」

「甘兄過獎了，」谷青謙抑的一拱手，「在那當時，我是只想以此一命，去殺殺日軍的氣燄，豈可看我中國無決死之人！」

「谷大哥！」玉婉上前插口說道：「那時候，外面傳說，你人和馬，都在日軍的亂槍之下，壯烈犧牲了。白石鎭的人，聽到了那個消息，都很難過，也更懷念你。」

「說來或許是天意，我命不該絕。」谷青又仰面長吁一聲，繼續回憶的說：「當時，我單身躍馬的衝到日軍大營的會議廳外，後面就已經有日軍衞兵追上來開槍，我從馬上對準會議廳扔進去一顆炸彈，四面槍聲就更跟着打來，我人和馬都倒地不起，我也就不省人事了！」

「結果，你並沒有死，」虎妞在旁插口說，「雖然你身中亂槍，但都沒有被打中要害，那也的確是天意。」

「咦？虎妞！」谷青感到驚訝，「你怎麼知道的？」

「我當然有辦法，探聽到了確實消息，」虎妞一揚眉，笑笑說：「現在不告訴你！」

玉婉瞟了虎妞一眼，說道：「谷大哥，請你說下去。後來，你又怎樣了呢？」

「後來，日軍見我沒氣絕，就盡力替我治療滿身的槍傷，你們看——」谷青說着就要脫衣。

巫成立刻阻止說：「谷青！不用再脫衣了，我們都已經看過，你滿身都有槍傷，受刑的皮傷也有很多處。」

封志道却感詫異的問道：「旣然如此，日軍爲什麼還要救活你？」

「他們懷疑我是革命軍的秘密組織。」谷青無可奈何的苦笑了一下，扭動着肩背說：「他們很快的治好了我身上的槍傷，却又拷打我，逼我供出名單。」

「哦！」巫成恍然大悟，「那難怪你身上又有許多的皮肉之傷了。」

甘玉堂則另有所思的急忙問道：「日軍對你有這種懷疑，是必然的，你又怎麼能够使得日軍相信你不是呢？」

「我根本就不是，又有什麼名單可說?!」谷青兩手一攤，但看出甘玉堂的奇異表情，就又舊話重提的說：「甘兄！你必然還記得，去年冬天，我到了旋風口山上，在『天風寺』順說郝老四歸正的時候，他也曾經問過我是不是革命黨?」

甘玉堂回憶着：「當時你說不是，但說人人有救國之志，精神目標一致，人人就都可以自以爲是革命黨，又有何不可。」

「對！」谷青依然堅持這種信念，「我所以回答日軍的拷問，也還是這樣說，所有中國的愛國分子，就都是革命黨，我就是在這些千千萬萬的名單之中的一個。」

甘玉堂深深點頭，又問道：「結果呢?」

「日軍當然認爲我是不肯招供。但是，在濟南的軍閥張宗昌的軍隊已經潰散，革命軍也已經繞過濟南連夜渡河北上，進軍京津。而日軍的阻撓陰謀失敗，在濟南撐不下去，也就又很快的撤回青島去了。」

玉婉插口問道：「谷大哥！你那次是不是眞的炸死了幾名日本軍官，日軍第六師團長也被炸傷了嗎？」

「照當時情況看來，傷亡是必然會有的，但我後來也無法知道究竟是炸死了幾名日本軍官？」谷青回憶着說：「不過，日軍第六師團長福田彥助，却僥倖只受了一點點輕傷，因爲後來我又見到過他，他手臂上搭着繃帶。」

「這很奇怪？」封志道許久沒有講話，聽到這兒，却忍不住的問道：「日軍既不曾殺死你，又不會帶你去青島，但爲什麼却把你轉到天津來了？」

「因爲日本人在天津有日本租界可作庇護，他們還想從我身上得到情報。所以，就把我秘密的押解到天津日本租界內，交給了日本浪人土肥原，想要繼續逼我供出秘密名單。」

「哦！」封志道連連點頭，「原來又是他，土肥原那個傢伙，在東北就是日本關東軍軍部的特務頭子，殺人不眨眼，害死了不少中國人！」

「所以，他在問不出我什麼口供之後，也就要處決我。」谷青又憤恨起來，咬牙切齒的說：「那個日本鬼子，手段狠毒，還慣會借用中國人的手，來殺中國人！」

巫成急問：「那又是誰？」

「就是在海邊對我開槍的那一名漢奸特務！」谷青怒氣沖天的說：「我曾經親眼看見，在日租界的地牢裡，那個漢奸當着土肥原面前，曾經活活的打死了一位中國同胞。」

巫成又急問：「那個漢奸叫什麼名字？」

「不知道。」谷青連連搖頭，「我問過他的姓名，他却罵我不必多問！」

巫成感到納悶的自言自語：「這倒教我很難猜了？」

「另外，還有一個每天送牢飯的中國人，樣子比較和善一點，我也不知道他的姓名。」谷青思索着，立刻又補充說明：「哦！我只聽到過，那個漢奸叫他『小九』，日本人則叫他『狡狗』！」

巫成忽而一拍掌，點着頭說：「嗯——對了！這就對了。」

谷青反倒愕然不解的問道：「什麼對了？」

除了虎妞之外，其他人也都跟着追問巫成：「這究竟是怎麼回事？」

巫成緊閉嘴唇，不作回答。

虎妞趕忙排開大家，又追問谷青說：「谷大哥！我們最急着要知道的，是你在海邊怎麼沒有被打死，但只昏迷不醒呢？」

谷青說：「我也不知道是怎麼回事，祇不過在這前一天，那名漢奸又到牢房來，扔給我一件新棉襖，要我立刻換上，而且明白的告訴我，很快就要送我去見閻王，應該穿上一件新衣裳。」

「就是這一件嗎？」甘玉堂指着谷青身上那件已經被撕開了的新棉襖。

「對！就是這一件。」谷青又低頭望了一眼。接着說：「不過，我也奇怪，在我被拉出牢房的前一刻，那名漢奸又先跑進來，遞給我兩粒藥片，小聲的要我立刻吞下去：我不肯，他就罵我不識好歹，說這樣可以使我在二十四個小時之內沒有知覺，讓我可以在沒有痛苦中了結。我一想，反正是要完了，還顧什麼，我一口就把藥片全都吞下肚子裏去了！」

「難怪你這麼長的時間，人事不知。」甘玉堂說着話，看了大家一眼，也都是恍然大悟的樣子。

但是，封志道却另有疑惑，他沉吟着說：「這種藥的效力，卽使很特別，但我是第一個先跑到你身邊的，為什麼就沒有聽到你還有呼吸呢？也沒有摸到你心口還有跳動？簡直就是跟斷了氣一樣嘛！」

「嗯！」虎妞也附和着，「當時我也覺得谷大哥是完了！所以，忍不住的立刻就哭了。結果是並沒有斷氣，這的確是很奇怪的事？」

「哼！」谷青一縮鼻子，「誰知道那個漢奸攪得什麼鬼？」

「谷大哥！你快別罵他漢奸了。」玉婉直覺得這其中必定另有原故，揪起那件被撕開了的新棉襖，指着前襟上的一個裂口部位說：「如果不是他在這上面暗藏玄機，你怎麼能擋得住那顆子彈啊！」

谷青這才又脫下棉襖，再仔細的看了一遍，不禁喟嘆一聲，「這麼看來，眞是敎人百思不得其解了！」

這時候，封志道突然大笑了一聲，說道：「哈！谷兄弟！你是眞的不知道，還是故作隱瞞呢？」

谷青一怔：「這話就使得小弟慚愧了！」谷青一拱手說道：「多蒙台端仗義相救，小弟豈敢見外。」

封志道有點尷尬，連連搖搖手說：「不見外，不見外，請勿介懷！」

但是，谷青這時候却有了疑惑，他不由得反問封志道說：「小弟幸得貴人相助，自當來日圖報，但不知今天怎麼有此幸運相遇的？」

封志道立刻回答說：「我是被巫成拉進來的，作了現成的幫手。先前根本不知道是怎麼回事！」封志道說着，就轉而對巫成追問道：「現在我倒要問一問你這個老小子，是玩的什麼把戲，你究竟是怎麼樣得到這個線索的？」

巫成笑而不答。

封志道再逼近一步追問：「剛才看你的表情，一提到『小九』的名字，你就一拍巴掌說『對了』，大概就是這個內線，給你通風報信的吧？」

巫成終於開口回答說：「不要亂猜，將來總會讓你明白的。」

封志道不甘心，還想再說什麼。虎妞急忙上前打岔說：「都別再糾纏不清了，時候已經不早，大家也都餓了，趕快弄飯吃。」

「對！」甘玉堂亦趁機岔開話題，「大家吃完了飯，再打算下一步該怎麼辦。何況，在這個地方，也是不方便久留。」

於是，大家就開始動手弄東西吃。甘玉堂把買回來的食物，都攤開來，說道：「我們來吃烤肉。」

玉婉說道：「這兒沒有鍋子呀！」

「我先前看到這屋裡有一只大鐵盤。」甘玉堂說着，就把那只已經被玉婉擦洗乾淨的大鐵盤，取了過來，翻轉盤底朝上，扣在灶口上。

玉婉不免愕然的問道：「這是做什麼?」

「我們來吃蒙古烤肉。」甘玉堂又取出來幾只小瓶小罐，放在灶台上。說道：「各種酌料，我也都買來了。」

封志道精神一振的說道：「好！我最喜歡這種吃法了。請兩位姑娘！快點生火。」

玉婉立刻去生火。

虎妞却慢騰騰的打開了甘玉堂買囘來的食物包，除了青菜和鍋餅之外，就是些已經切好了的猪肉片，份量雖然够多，但似乎引不起虎妞的胃口。她可也沒有說什麼話，祇是坐到一邊去了。

甘玉堂和封志道，都忙着洗菜、切菜和調配酌料。不一會工夫，就都弄好了。大家飢不可待的圍在爐台邊，就大口大口的吃起烤肉來了。……

玉婉忽而發現虎妞獨自坐在一邊，無精打彩的乾啃着麵餅。玉婉不由得走向虎妞，有點奇怪的問道：「咦？你怎麼不過來一起吃菜？」

虎妞沒有作聲，祇是搖了搖頭。

玉婉以爲虎妞是在生什麼氣，就轉身囘來拉了谷青一把，悄聲問道：「她怎麼了？」

谷青轉頭望了虎妞一眼，這才忽然想起的說道：「啊！我怎麼忘記告訴你們，虎妞是不吃猪肉的。」

「唔？」甘玉堂和封志道，也都訝然一聲。

巫成接着也解釋說：「她是青海的囘教兒女，今天這頓飯，就只好委屈她了。」

「哦！眞對不起，」甘玉堂聽了就不禁爲之歉然，而頓足自責，「都怪我，匆匆忙忙的沒有買牛羊肉！」

「這怎麼能怪你，」巫成安慰甘玉堂，「不知者不罪，何況是在這種急難的時候。就讓她乾啃一點麵餅，充充飢，也無所謂。」

但是，甘玉堂仍走向虎妞，表示歉意。這時候，虎妞反倒不好意思的對着甘玉堂一揮手，說道：「我不會介意的，你們只管吃你們的得了。」

封志道一面吃着烤肉，一面也走過來打着哈哈說：「照這樣很地道的吃法，我猜甘老弟你一定在西北生活過吧？」

甘玉堂坦然的點頭答道：「我是蒙古人。」

「唔？」谷青在一旁聽了，却也愕然一聲的走上來說：「我從前怎麼一點都沒有看出來？」

甘玉堂解釋說：「家父是蒙古人，家母是漢人，我是在西北出生的。」

「啊！」谷青恍然大悟似的，「這就難怪，你是跟郝老四的來歷有點淵源了。」谷青站起身來去喝水。

「哼！」玉婉却不高興的對着甘玉堂發出嬌嗔聲，「你在白石鎭已經半年多了，也沒有告訴過我們這麼清楚。」

「沒有必要作這個表白嘛！」甘玉堂欣然一笑，「總歸都是中國人呀。」

「對對對……說的好，」巫成笑呵呵的，一迭聲稱讚着，「今兒眞好，漢滿蒙囘藏五族一家大團圓了。」

「老小子！你別說過了頭，」封志道也打起哈哈來，「我可以算是滿人，難道你就充作是藏人嗎？」

「我雖然不是西藏人，但是我有一位西藏朋友，就算我代表他了，有什麼不成呢？」巫成理直氣壯的樣子，「我的名字也就叫巫成嘛！」

「你這個巫，可不是那個五，你別自以爲了不起了！」封志道又藉題挖苦巫成。

「字不同，音同，也一樣。」巫成仍只管窮開心。

封志道就趁機挑逗巫成的興致，說道：「既然你老小子今兒這麼高興，就快把你私藏的好酒拿出來，給大家分享分享吧！」

「行！」巫成一高興，立刻就從懷中又掏出那個酒囊來，大大方方的交在封志道的手中，「你只管喝個痛快得了，反正不讓你喝光它，你又是不會甘心的！」

封志道聽得出來，在巫成話裏的這個「又」字，是意味着還是不肯交出那半張藏寶圖來。於是，封志道就湊近巫成的耳邊，恨恨的說道：「老小子！你別裝糊塗，現在人也幫你救回來了，如果你再不交出那半張地圖，我就立刻要你好看！」

巫成一把奪回酒囊，猛喝了一大口，用手背抹了一下嘴，呵着酒氣，也湊近封志道的耳邊，低聲說道：「實在對你說，那東西根本不在我身上。」

「那在那裏？」

「在一個喇嘛手裏。」

「就是你的那個西藏朋友嗎？」

「不錯。」

「他人呢？」

「在北京。」

「唔！眞的嗎？」封志道半信半疑。

這時候，巫成却忽然跳了起來，提高了嗓門對大家說道：「哎呀！糟了，糟了，我差點忘記了一件大事。」

大家都吃驚的注視着巫成。虎妞緊張的上前一步，問道：「大師伯！是什麼事？」

「現在我可以告訴大家，」巫成立刻就整裝要走的樣子，「我跟人有約，如果能成功的救出了谷青，我就得儘快趕到北京去。」巫成一轉身就叫：「谷青……」

大家這才發覺谷青已經不在屋裡。巫成愕然的跑到屋外，大家也跟了出來，但見地上插了一根樹枝，在地面上留下「後會有期」四個字。虎妞的兩匹馬，却仍留在樹林中。大家立刻分頭衝出了樹林，去追谷青，但已不見谷青的蹤影。

二四

谷青扮作脚力的模樣，上身另穿一件破舊的青布短襖，下身穿一條粗布套褲紮着褲管，肩上扛着一支扁擔串起一羅繩索，頭戴一頂烏氈帽壓低在前額上，緩步而行的來到了天津市郊。天尙未黑，他心中略一盤算，就順腿進入路邊的一家小飯舖，叫了四兩白酒、兩碟小菜和一碗麵。

谷青一面吃酒，一面默想他再去天津日租界，會不會是如同羊入虎口？萬一再被日本人捉回去，必定是死路一條！但他一想起日本人在中國橫行霸道的行爲，就忍不住的又咬牙切齒，猛喝了一大口酒。

這時候，又進來了兩個食客，一個是穿着北洋軍服，歪戴着軍帽；一個是穿着長衫，提着皮包。這兩個人，就在谷青背後的一張桌子上坐下來，也叫了酒菜。谷靑聽見這兩個人，開始在談話了——

「媽拉巴子！我們部隊就只會往後跑，」那傢伙把北洋軍帽向桌子上一摔，「這樣眼看着，我們大帥在北京就快坐不住了啊！」

「革命軍的三路大軍北伐，都是勢如破竹，」穿長衫者，講起話來，慢條斯理的樣子，嘴角邊還吊着一支香煙，「聽說，東路軍順着津浦鐵路北上；攻下了德州，就快要到達滄州；南路軍從京漢鐵路北上，已經拿下了保定；北路軍由京綏鐵路出發，也已經過了張家口。」

「可不是，」那傢伙兩手一攤，「革命軍的三路大軍，向北京會師，這不是要我們大帥的好看嗎？」

「你先從滄州出來了，依你看，滄州能守多久呢？」穿長衫者，順口這麼一問。

但那個北洋軍官聽到了這麼一問，心裏却不是滋味了。因爲他剛才還在駡北洋軍隊只會往後跑，而他自己却跑得更快了。於是，他楞了一下，說道：「我是看不過他們孬種，所以才一氣先出來了。我要趕快到天津來，料理我私人的事。幸好，在這路上碰見了你，你也別去滄州了，就跟我一起回天津，幫我把生意結束了，讓我帶着錢準備出關得了！」

「你也不必這樣心慌，」穿長衫者的神情，十分篤定的樣子，「事實上，雖然革命軍就快打來了，天津市反倒顯得很安然的樣子，人心一點都不慌亂，市面上照樣是熙來攘往。各國的租界地，都有恃無恐，也安之若素。祇不過，在天津市你們北洋軍的部隊，好樣都是在準備大搬家的樣子。但這跟你做生意，沒有什麼關係嘛！」

「唔？」那傢伙沉思了一下，鬆鬆的說：「那我也就好跟你一樣，把自己變個樣子算了！」

谷青聽他們談到這兒，不願再聽下去，自己的酒飯也吃飽了，就付了賬，扛起扁擔繩子，直奔天津市區去了。

夜幕已經低垂。谷青一進入天津市內，果見街上燈火輝煌，商店的營業一如往常，人心不但顯得安寧，反倒有點興奮的期待之情。谷青心裏已經明白，大局不久卽可底定。他在各條馬路上，溜達了一遍，只待夜深人靜的時候，他就要有所行動了。

黑夜裡，谷青混進了日租界。他的扁擔繩子，也記不得是扔在什麼地方了。就憑着一身的輕功，躍進了土肥原的房舍，從房簷上來個倒捲簾，向窗子裡面探視，於微弱的燈光中，却不見土肥原的蹤跡；谷青又翻身轉到後簷下，探視土肥原的臥室，也是空空的。谷青想了想，就悄然離開了這棟房舍。

谷青撲了空，仍想摸進日本兵營，去尋刺土肥原，以消心頭之恨。他躲躲閃閃的逐漸挨近了日本兵營的側背，在營房圍牆外面的一條路上，忽見有一個人影走來，谷青立刻隱藏在暗角。待這個人影從他面前經過時，他却意外發現了此人原來是「小九」。谷青立刻從背後躍上去，一手摀住「小九」的嘴巴，一手攔住「小九」的腰，就將之拖進到暗角裏，輕輕叫了一聲：「小九！」隨卽鬆開了手。

小九定睛一看，不禁訝然的輕聲說道：「哦！原來是你?!」。

谷青附在小九耳上問道：「你可是巫成的徒弟?」

「是呀！」小九也附在谷青耳上反問：「你怎麼不跟我師父一起去北京？」

谷青這才恍悟，自己不告而別，卻失掉了跟巫成的信息。於是，有點悵然的說：「錯過了！現在你告訴我，到北京找誰連絡？」

「找一個名字叫札斯欽的喇嘛。」

「在這個兵營裏，那個漢奸特務是那路人？」

「他外號叫山狼，跟我們是同道但不同路，凡是被他救出去的中國人，如果再被日本憲兵捉到，就會被山狼立刻親手殺死！」小九竊聲的說到這兒，禁不住驚惶的抱怨谷青：「你不該再來這裏！」

「我是來找土肥原算賬的！」

「他已經去了北京。」

「唔？」谷青覺得又錯失了一步，抓抓頭髮，還想要說什麼……

小九立刻勸說：「在天津的道上朋友，都不簡單，但是對日本浪人只能敷衍，免得連累地方。你也別再在這地界上惹痲煩，還是趕快離開吧！」

「你能不能跟我一起去北京？」谷青扯住了小九。

「那怎麼成！」小九斷然回絕。接着又悄聲的對谷青解釋說：「我溜出來，會一個娘們，尚且不敢躭擱太久，這就得快些囘去。你快走吧！」小九現出一副風流的樣兒，擠擠眼，推開了谷青，就一步跨出了暗角，順着路邊向前疾走。

谷青也跟着跨到路邊，不多幾步就趕上了小九。在微弱的路燈光下，二人併肩走着。忽然從背後大約一百多公尺的距離，發出了一名日本兵的警戒吼聲！

小九一驚，頭也未回，低聲對谷青說：「糟了，快跑！」

二人立刻撒腿向前奔跑。跟着就是一聲槍響，二人同時向前撲倒在地上。少頃，不見有動靜，谷青卽推了小九一下，暗示小九快起身再跑。但是，小九却起不來了。

「我……不行了，」小九的聲音裡忍着痛楚，氣息將斷的樣子，「你快走……」

谷青把小九的身子推轉來，手上觸到了小九身上的鮮血。谷青大吃一驚，他想把小九拖在自己背上起來跑，但又發覺小九已經氣絕了。谷青十分痛心，忽而又聽見那名日本兵的皮鞋聲在逐漸走近，他只好一躍而起的向前急奔。突然又是一聲槍響，谷青聳身躍過路側的一道矮牆，在黑暗中消失了。

那名日本兵快步追上來，手中端着一支長槍，小心翼翼的向暗中察看，但已不見目標的踪影。那名日本兵轉身回到路邊，蹲下細看死者的面孔，認出是小九，而大感意外的拍自己頭，懊悔不止！

二五

白玉婉和甘玉堂，回到了白石鎭，走到家門口，因見門上貼着大紅雙喜字，先是愕然，繼之二人相視而笑，似乎都可以猜中了。

「這是不是沙兄弟跟梅姑成親了？」玉堂說。

「哼！除了他，還有誰？」玉婉仍有點不屑的表情，「我到後跨院一看便知分曉。」

玉堂一把拉住了玉婉說：「先向老爺子報個信，請個安，才是正理。」

二人快步來到堂上。白立軒一見他們這麼快就回來了，也大爲歡喜，聽過甘玉堂報告谷青得救的經過情形之後，就笑吟吟的說：

「總算他命大，化險爲夷了。」

「可也吃了不少苦頭！」玉堂爲之感慨不已。

「自古以來，英雄俠士，都是要受苦難的。」

「什麼英雄！」玉婉又忍不住發氣了，「簡直是沒有一點禮數，這麼多人救了他，他却把大家丟在樹林子裏，獨個兒又不告而去！」

「原諒他，」白立軒似乎很快就已明白了個中原委，「他若不溜走，又如何好與你們大家分手。」

玉堂也幫襯着說：「可不就是這樣，巫成雖然也怪他不告而去，但也諒解他一向是來無影，去無蹤的。」

「可是，虎妞也跟着巫成去北京尋找谷青，那算什麼呢？」玉婉仍有一份妬意。

玉堂解釋說：「他們都是一個師門的關係，自然會走在一路了。」

白立軒插口問道：「谷青一定會去北京嗎？」

「爹！」玉婉搶着說，「臨別的時候，我套過巫成的口氣，好像他們在背後都有門道，知道谷青下一步會做什麼。」

「江湖上的人，跑遍大江南北，總會各有門道的。」白立軒轉而安慰女兒說：「你跟玉堂回來是對的，咱們是有根有戶的，不便跟着人家去跑。而今已經見到了谷青還活着，可算咱們的心意也盡到了。」

「可是，那個封志道，還不是跟着巫成去了。」玉婉仍然不甘心的爭論着。

「那姓封的盯緊了巫成，只是爲了想要得到那半張藏寶圖。」玉堂反向白鎮長解說。

玉婉又氣起來，指着甘玉堂，抱怨說：「都是你，非要我趕回家來不可！如果讓我一個人跟巫成去，有什麼不可以的嘛！」

「你還氣，」玉堂則陪笑而答，「讓你去，敎我一個人回來，怎樣對老爺子交代？」

「玉婉！」白立軒以半訓半勸的口氣說：「我把這個責任交給了玉堂，你不能再使他爲難。再說，鄉團的事情也很忙，他不能在外面逗留過久，必須要快點趕回來，當然也就得連你一起回來囉。」

玉婉不好再頂撞父親，支支吾吾了一下，終於又找出話來，舖排老爹的不是。於是，玉婉嘟起嘴來假裝生氣說：

「就這麼幾天工夫，家裏都辦起喜事來了。」接下去，一語雙關，「根本就沒把我這個女兒放在心上嘛！」

白立軒哈哈大笑的說：「你們走後，沙小子一天到晚的糾纏着梅姑，打也打不散，可能又會引起外面的風言風語。所以，既然梅姑自己也想終身有託，就不如趕快讓他們兩個拜堂成親算了。這樣一來，給沙一風成了家，對他爹臨終的囑託，也可以告慰了。」

「只可惜沙一風不成材，將來會對不起梅姑的。」

「現在不同了，」白立軒老懷寬暢的對女兒述說着，「梅姑居然能把沙一風改好了，眞是奇妙。」

「梅姑確實不錯。」玉堂在旁稱讚了一句。

玉婉白了玉堂一眼，似諷非諷的說道：「我嫂子比梅姑更好哩！」

玉堂的臉上，立刻紅了起來。

白立軒對女兒的這句俏皮話，却並無什麼不悅的反應，祇是從老臉上掠過了一層感傷的表情。一時，三個人都靜了下來，沒有話說。

這時候，沙一風和梅姑，匆匆進堂來，對玉堂和玉婉都問了好。一風的舉止言態，確是顯得老成些了。梅姑拉着玉婉的手，好親切的說着話。

「聽到你回來了，我好高興。」

「恭喜你成親了。」

「這全仗老太爺成全。」梅姑接着壓低了聲音問玉婉：「找到了谷青的下落沒有？」

玉婉點點頭。

「他怎麼沒有一起來？」

梅姑這一問，使得玉婉難以回答，祇輕輕的搖了下頭，面現失望之色。梅姑知道自己問錯了話，很覺歉然的輕拍了幾下玉婉的手，旣表示歉意，亦表示安慰。

秀鳳輕移蓮步的也到堂上來，直趨玉婉身邊，姑嫂二人親切得雙手相牽，彼此注視着。秀鳳眼眶裡湧起了歡喜的淚光，對玉婉說：

「這些天來，我好想念你喲！」

秀鳳說這話時，似不經意的抬眼望了一下甘玉堂。甘玉堂亦正注視着秀鳳。玉婉咽噎的叫了聲：「大嫂！」立刻抱住了秀鳳，伏在秀鳳的肩上，竟抽動着身子哭泣了。

玉婉的這一哭，大家的反應，雖不免有點愕然而視，但都心裡明白玉婉是爲了何事傷感，祇不過各人在想法上，有所不同而已。梅姑和一風，只以爲玉婉在愛情上受了委屈，沒有能够尋回谷青的心。而白立軒、甘玉堂和秀鳳三人，則心裡明白，除了玉婉個人的傷心之外，還有姑嫂的感情，是出之對寡嫂秀鳳的同情與憐惜。玉婉面對着梅姑與一風已經成雙成對，又怎能不敎玉婉爲了許多事而感傷難過呢？

秀鳳强忍住眼淚，在相擁中也把玉婉抱得很緊，並不停的拍撫着玉婉，使她能儘快的平靜下來。

白立軒這時候又已經拿起了水烟袋，呼嚕呼嚕的吸着，眼睛望着地面，沉靜的說：

「一風！」

「大伯！」一風恭敬的趨前恭立。

「到館子裡去叫一桌菜來，今晚大家團敍。」

「是！大伯。」

一風立刻向外走，梅姑也跟着退出而自行回房去了。

白立軒放下了水烟袋，緩緩起身，對玉堂一招手說：「跟我來，一起去鄉團看看，待會回來吃飯。」

「是！鎭長。」

甘玉堂跟隨白立軒出去以後，就只剩下玉婉和秀鳳，姑嫂二人又好談心了。秀鳳拉着玉婉的手，一起坐下，並替玉婉抹去還掛在面頰上的一粒淚珠。秀鳳帶着感激與感傷的語氣說：

「我知道，你今天爲什麼忽然哭了。」

「大嫂！」玉婉咳了一下喉嚨，「你還年輕，這樣下去，你太苦了，教我們白家，於心何忍呢！」

「是我對不起白家，也沒能生下個一男半女，」秀鳳的神態沉靜而誠懇，「就讓我侍奉爹一輩子，也好稍稍盡了做媳婦的一份心。」

「這不成啊！」玉婉連連搖手，「你沒看，剛才爹的神色，對你是多麼的同情，接着就叫甘玉堂跟着一塊出去了，晚上還要他來家一起吃飯，這你總該明白是有點什麼意思了。」

「玉婉！」秀鳳仍免不了有點羞慚，「你別替我想得太多。其實，我自個也並不覺得日子怎樣難過。」

「我只問你，你對甘玉堂有沒有好感？」

「你何必這樣問我！」秀鳳推開了玉婉。

玉婉又靠近秀鳳，再追問說：「我就是要你回答我這句話。」

秀鳳又怔視了玉婉一下，才回答說：「我覺得他這個人，還不錯嘛！」

「如果要你嫁給他呢？」玉婉衝口而出。

「這……」秀鳳被玉婉這樣直截了當的一問，反倒接不上口了。秀鳳略一思索，未作正面回答，却提出了反問說：「除非他肯認爹做義父，行嗎？」

這下輪到玉婉發楞了。

秀鳳卽又補充說：「他能成爲爹的義子，我就願意成爲他的媳婦，都還是居住在這個家裡，我也可以照樣的侍奉爹，直到百年。——如其不然，就一切免談！」秀鳳的後兩句話，說得特別堅定有力。

「嗯！」玉婉深深的點了下頭，接着也以堅定的語氣說：「好！這件事，就由我來辦。」

「你一個大姑娘家，怎麼好談這個！」

「你別管，我自會有辦法。」

「可也不能只由你我自作主張，這須要爹來先作個決定才行。」

「那是當然。」

姑嫂二人的私房話，談到這兒，秀鳳不但了無喜悅之色，反倒又有點傷情的對玉婉說：「其實，我的事並不重要，倒是你應該早點決定終身大事，將來不論生男生女，總還都算是白家有了的骨血後人。」

「我自個的事，我自有打算。」玉婉說這話時的樣子，變得一點都不忸怩作態。然後，站起身來說道：「我這一路上好累，我要先回房去躺一下。」

秀鳳望着玉婉的背影，又陷入了神思。

晚上的家宴，在廳堂的一張大方桌上擺滿了酒菜。甘玉堂和秀鳳，被安排坐在白老爹的右手邊；沙一風和梅姑，被安排坐在白老爹的左手邊；而玉婉自個獨據一方的坐在爹的正對面，背向着門外。白老爹高坐在正中的大位上，在嚴肅的神情中，透露着幾許歡暢，先舉起一盅酒來大聲說道：

「來，我們自家人，都不用客氣了。」

白老爺子微微仰起頭來，一飲而盡。甘玉堂雙手抱杯，面向着白老爺子，也跟着乾杯。其餘的人，都只淺飲了一口；而沙一風想乾杯，却被身邊的梅姑制止了。

「我們自家人」這句話，雖是句普通話，但也可以含有特別的意義，祇看說這話的時機與場合了。這次在玉婉和秀鳳聽來，是有心照不宣的瞭解。而甘玉堂聽了，似乎並無什麼異樣的反應，並且對自己被安排坐在秀鳳身邊，反倒有點不自在。這看在玉婉眼裡，猜想老爹先前帶甘玉堂出去走了一會，是必然不曾對甘玉堂作過什麼明白的表示。

這頓家宴，吃得相當愉快。因無外客，也就很快的吃完了。在大家要離座的時候，玉婉突然對甘玉堂說：

「喂！明早請你陪我一起去溜馬行嗎？」

「你應該休息兩天。」甘玉堂不經意的回答。

「不！」玉婉又裝作使性子，「好多天沒有騎馬了，胳膊腿都不靈活了，明早一定要騎馬出去跑一圈。」

「好吧，我先早起。把馬匹整理好，等着你。」

「我也要。」沙一風興致勃勃的湊上來。

玉婉泛了一下白眼，但沙一風沒有看見，却被梅姑察覺了，就在背後扯了沙一風一下。

二六

次日黎明時分，甘玉堂來到馬廐，却見玉婉先在那裡備鞍了。甘玉堂有點不好意思的上前搶着幫忙，一面說：

「抱歉！我反倒起得晚了。」

「不是你起得晚，是我起得太早。」

「我昨晚多吃了兩杯酒，睡得太熟了。」

「能吃能睡，就沒有心思。」

甘玉堂不曾聽出玉婉的話中有話，反倒大列列的一笑說：「我無牽無掛，四海為家，會有什麼心思。」

「哼！」玉婉用鼻孔輕輕哼了他一聲，他也沒在意，總歸是玉婉時常對他使性子也慣了。兩匹馬鞍備好了，牽出了馬廐，就一起上馬，在街上小步行走，清脆的馬蹄聲，在侵晨的寂靜空氣中，特別顯得好聽。

玉婉和甘玉堂，兩匹馬一出了土城圍子，玉婉一揚鞭，兩腿一夾，座騎立刻奔騰起來；甘玉堂緊緊跟在後面，也揚鞭追奔而去。

從小路到大路；又從大路到小路，玉婉一馬當先，大跑小跑的跑了一陣子的旱馬之後，就又奔上了高崗上的那座「青州奇俠」石碑前。玉婉跳下馬來，一撒繮繩，讓馬自由的在地上吃草。甘玉堂跟了上來，也放開了馬。

「喂！我問你，」玉婉突如其來的，劈頭就問甘玉堂，「你願不願意認我爹做義父？」

甘玉堂一楞瞪，但見玉婉的表情很鄭重，並非開玩笑，由不得他不作鄭重的回答。甘玉堂低頭尋思了片刻，卽誠誠實實的說道：

「令尊是一位仁厚的長者，在地方上又有聲望，擔任鎭長也淸廉公正，素爲人所敬仰。自從我們旋風口的一批人，被招安收編爲鄉團以來，令尊對我信任有加，多所敎導，這在彼此的感情上，早已經是如同父子了。」

「你不要說這麼多的客套話，」玉婉急於想得到一個肯定的回答，「現在只要你明白表示，願不願意正式的磕頭，認我爹做義父？」

「這是老爺子要你問我的嗎？」

「你先別問來由，現在只問你自個願不願意？」

「我當然願意。」甘玉堂答得很乾脆，但還有一點疑惑，「這要老爺子肯樂意收我爲義子，那才算數。」

「好！」玉婉把頭一個問題解決了，掩不住內心的喜悅，卽走近甘玉堂面前，變爲婉約而親切的神態，又提出了第二個題目來說：「甘大哥！你願不願意娶我的寡嫂秀鳳呢？」

「啊？」甘玉堂這才眞的够驚訝。

玉婉的這第二個問題，在甘玉堂聽來更感意外，着實使他一時不知何如回答，雖然內心不免有點驚喜，但却不敢立刻相信玉婉的話是眞的。他緩步走向低頭吃草的馬匹身旁，兩臂伏在馬鞍上，眼睛直望着玉婉作觀察，同時也是在思考着，這個突來的喜事有可能嗎？

玉婉看出甘玉堂是眞的吃驚了，也就走過去，隔着馬身，與甘玉堂面面相對，但仍不見甘玉堂回話。於是，玉婉就又以鄭重的態度，說道：

「我是說眞話。所以，也希望你不要作假。難道你不能承認，你是對秀鳳有好感的嗎？」

「有好感是一回事，」甘玉堂變得嚴肅起來，「但是，我從來不曾對她有過什麼非份的念頭。否則的話，我還算人嗎？」

「哦！你不要誤會，」玉婉急忙解釋，「我全家人，絕沒有輕視你的意思。正因爲你處處都很守分寸，是個頂天立地的漢子，所以，我全家才都會對你有好感。」

「你說的，這也包括秀鳳在內？」

「嗯！」玉婉深深的一點頭，「旣然你們兩個，彼此都有好感，何不配成一對。男有娶，女有歸。這對秀鳳以後的漫長歲月來說，也可以了了我爹的一件心事。」

「秀鳳本人有這個意思嗎？」

「你眞是多問！」玉婉有點生氣了，「要不，我怎麼會隨便跟你講這種話！」

「只要她不嫌我配不上她，我還有什麼話說。」甘玉堂却又露出笑容來了，但也害臊的紅起了臉，一直紅到了脖子。接着說：「這件事，說起來教我怪難爲情的。」

「男婚女嫁是正經事，有什麼好難爲情的。」玉婉想到有一點不同，立刻又代爲圓說：「秀鳳雖然是再嫁，但是，她還並沒有生過孩子。這件婚事，只要彼此都不勉强，就是一樁好姻緣，除非你還有什麼條件。」

「我什麼條件都沒有。」甘玉堂轉念一想，就又反問玉婉：「秀鳳她有什麼條件嗎？」

「她也沒有什麼特別條件，」玉婉故意輕描淡寫，「只不過，她仍想住在我們家，侍奉我爹。」

「那當然！」甘玉堂毫不猶豫的說，「我成爲白老爺子的義子，娶秀鳳作媳婦，自然還是應該住在一起的。」

甘玉堂的通情達理，使得玉婉大爲開心，一躍上了馬，迎風挺立着，對甘玉堂說道：

「我們回去吧？」

「你約我出來，就是爲了談這件事？」

「這還不够重要嗎？」

甘玉堂仍站在地上，仰起臉來問玉婉：「我應該先拜義父呢？還是應該先娶秀鳳？」

「當然應該先拜義父。而且，你還應該去向秀鳳的娘家行聘，這個禮數還是要有的。」玉婉似乎已想好了一切。

甘玉堂走去拉馬過來，跨上了鞍，抬頭見到玉婉正面對着「青州奇俠」石碑，又在凝神沉思。甘玉堂靠近玉婉的身邊，有感而發的說道：

「谷青這個人，太敎人難以捉摸了。」

玉婉不言語，立刻扭轉馬頭，猛抽一鞭，奔下了崗坡。甘玉堂亦策馬隨之而下。

在玉婉的加快安排下，請來了地方的幾位大老，在家祠裏明燭焚香，讓甘玉堂行了大禮，拜白立軒爲義父。這時候，郝老四因已得到甘玉堂的稟報，也立刻從「天風寺」派一名小沙彌帶了賀禮來，並表示因已決心不再下山，所以未能親來致賀，惟祝甘玉堂一切好自爲之，勿負白老爺子的一番盛德。

白立軒持身莊敬，治家嚴正。他在收了甘玉堂爲義子之後，緊接着就又把玉婉叫到面前說：

「玉婉！這兩件事併爲一件事，都是你一手促成的，爹很高興你已經長大，會辦事了。不過，他兩個的婚禮，要快點擧行。因爲天天都見面，不快點行過婚禮，反而又覺得有所不便了。」

「爹！甘大哥和秀鳳的意思，是要婚禮越簡單越好。只要在大面上，能交代得過去就行了。「你去把王道古請來，他是最有經驗的執事總管。只要我們把這意思告訴他，他就會辦得不差。」

「好的！我馬上就去請他來。」

經過王道古的能手安排，不兩天就把婚禮的一應事情準備妥當。但在婚禮的前一天早上，却忽然發現玉婉獨自出走了。秀鳳慌張的來稟報：

「爹！快些看，我今天早晨到玉婉房裏去，忽然發現了這封信。她已經一個人去北京了呀！」

「啊？」白立軒一怔，立刻打開信來看。

——『爹！請原諒女兒單獨去一趟北京，我有路子可以再找到谷青。如果我不這樣走，您老人家一定不會答應的。但請放心，我走過一趟天津之後，已經知道怎樣照顧自己，必定會很快回來的。請爹別生氣，只管多吃一杯喜酒好了。婉兒留上。』

「這怎麼可以，她也太大膽了！」白立軒急得直跳脚，「一個大姑娘家，無論如何，是不能一個人出遠門的。」

「爹！她可能是女扮男裝走的。」

「你怎麼知道?」

「前天晚上，她到我房裏，找她哥哥的服裝，只說看看能不能改來穿。現在我才明白，是被她穿走了。因爲在她房裏再也見不到那幾件衣服和帽子。」

「胡鬧！簡直是胡鬧。」白立軒的心緒，漸漸平靜下來，「讓她習武練點功夫，原本是健身好玩的，她居然就敢壯起膽子走江湖了，眞不像話。」

「立刻要甘玉堂去追她回來好了。」

「在這個節骨眼上，甘玉堂怎麼走得開。」白立軒抽了一口水煙袋，接着說：「你還不明白嗎?玉婉是故意趁這個時候走的，料定甘玉堂抽不出空來去追她。」

「婚禮就延後幾天，有什麼關係。」秀鳳心甚不安。

「那怎麼成，許多事情都已經定了。」

「要不，就派別人去追她回來。」

「那也不妥當，」白立軒連連搖手，「而且，這種兒戲的事，也不便張揚出去。你暫且裝作不知道，等婚禮過後，我再要玉堂去找他們那一夥人。如果現在叫別人去，也摸不出門路。」

秀鳳的心思好苦，她禁不住掉下了一滴眼淚。

二七

民國十七年五月間，革命軍北伐的三路大軍，都已經進抵京津外圍，但因不願使得北京古城遭受戰火摧折，並為了顧及北京城內各國使館的安全，故而暫且按兵不動。只望能以圍城之勢，迫使北洋系軍閥頭子張作霖投降歸正，或者退出北京。可是，這個所謂「安國軍大元帥」，對於革命軍所定和平收復北京的計劃，却未能及時領悟，而仍欲據城以戰，妄圖苟延局面。於是，戰事一時間陷於膠着狀態。

谷青由天津趕到了北京，見到滿街都是兵，情況顯得混亂不安；但老百姓却跟天津一樣的鎮靜。谷青走了幾條街，默察過情勢之後，並未立刻按照「小九」所說的去找那個喇嘛連絡，却先自找了一個小旅館住了下來。

旅館是閑雜人等聚散之地，可以聽得各式各樣的消息。當谷青揣摩清楚了北京圍城的因由之後，卽想再為革命軍北伐統一的目標出點力。他探得張大帥的起居所在，就急急想辦法，要促使張大帥退出北京。

在一個黑夜裏，谷青憑其一身的輕功，閃過重重的衞兵，潛入了張作霖的「大元帥府」，但見上房裏燈火通明，有麻將牌的唏哩嘩啦聲音。谷青貼着牆壁，挨近窗戶，向房內窺視，果見麻將桌上有一個人的形貌和架勢很像張作霖，接着就聽到牌友口呼「大帥」，這才確定無疑了。谷青心想，在這個時候，革命軍已經兵臨城下，張某人居然還能打得下通宵的麻將，如果不是爲了消愁解悶，眞的是把國事民命也當作兒戲了。忽聽得外面有皮靴聲走來，谷青立刻一個聳身上了房，輕輕伏在瓦上，細聽動靜……

原來是一名副官來報告，日本公使芳澤謙吉求見。張作霖很不高興這個日本人在半夜三更來打擾，但又不能不見，隨卽散了牌局，摒退左右，出至外間客廳等候見客。這時房內已空無一人，谷青認爲是大好機會，卽翻身下了屋簷，撥開窗戶，一躍而入，從懷裏掏出一封信和一把小刀，將信揷在麻將桌的當中，卽又反身躍出窗戶要走，但忽而一想，何不去順便聽聽那個日本公使來談什麼呢？於是，谷青就又在暗中，挨近到客廳的後窗去了。

日本公使芳澤，在一名副官引導下進來，交給張作霖一份日本政府的文件，並以中國話再作口頭解釋說：「這是日本政府爲了保護在滿洲的權益，並爲了維持地方治安，當這裏的戰亂波及到滿洲的時候，日本政府要採取必要的措施。」

張作霖的神色一楞，隨卽以不悅的口氣問道：「你們還要採取什麼必要的措施？」

芳澤指一指遞交在張作霖手中的一份備忘錄，說道：「第一、日本政府容許奉軍，在京津戰事開始前，撤到關外。第二、如果京津戰事發生，而一旦奉軍戰敗，就禁止撤到關外。否則，日軍對於逃亡回滿洲的奉軍，將一律解除其武裝。第三、在任何情況下，日軍政府都禁止革命軍進入滿洲地區。」

芳澤說到這裏，見張作霖已經氣得臉色鐵青，就又改用溫婉的態度對張作霖勸說道：「大勢既然已經演變到此地步，貴大帥莫如急流勇退，最好能在戰火還不曾波及到京津之前，先就把軍隊撤回滿洲，這樣既可保全實力，將來又可再作捲土重來的打算，豈不也好嗎?」

張作霖已經被氣得正要發脾氣，但見芳澤貌似恭敬，而只好忍住氣，對芳澤說道：「本人向來是討赤保僑，並無對不起人的地方，如果不是本人坐鎮在北京，北京早就被赤化了。但沒有料到，日本政府現在却跟我們南方同一論調，要迫着本人敗走，豈有此理！」

「請要諒解，」芳澤的瘦小身材，在空空大大的一張沙發椅上，欠動了一下，傾身向前，僞裝親切的說，「這是日本政府爲了奉軍好。」

張作霖却已捺不住心頭之火，瞪大了眼睛，冷冷的說道：「這又有什麼好！關內與關外，都是中國的土地，而日本政府却在中國土地上，來支配我的行動。再說，我與田中首相有二十年的交情，他也不應該這樣對待我。」

「交情是私人的事，這是談的國家大事。」芳澤忽而又擺出那副有強權無公理的態度，繼續施加壓力的說道：「日本政府的這份備忘錄，的確是爲了你大帥設想，如果不被你採納的話，日本政府恐將會有第二步的辦法！」

芳澤的這句話，更激怒了張作霖，終於發了火，立刻對芳澤咆哮道：「第二步辦法又怎麼樣！你告訴田中，我張作霖不受威脅！」

張作霖站起身來，把文件往面前小桌上一摔，一氣拂袖而去。芳澤跟着也站起身來，却楞住了。張作霖的副官，急忙引導芳澤離去。

這時候，谷青在暗中也趕緊撤退，但對當前情況，如墜五里霧中。他暗想，革命軍爲了避免京津戰火，希望張作霖能自動率領奉軍退出關外，所以他才使用江湖信件要促使張作霖急流勇退，以顧全大局，但不料日本人却也出了這個主意，那他豈不變成爲反而幫助日本人來要脅張作霖了嗎？

谷青想到這裏，急忙又回到張作霖的起居室外面，想再進去把那封信收回，但從窗外向裏面一看，却發現張作霖正在望着那封信，並且大聲呼叫馬弁說：「有奸細！」谷青頓覺身陷危境，立刻又施展輕功，迅速逃走了。

馬弁立刻吹哨子，召來了幾名衞士，四下的搜索奸細，但毫無踪影，也沒有發現任何異狀。

綠林出身的張作霖，對這種插刀留書的招式，旣不感驚奇，也不覺可怕。只是仍有餘怒的發氣說：「這是日本人玩的鬼把戲，一面派芳澤來拿言語，一面又指使日本浪人來這一套嚇唬我，眞是可笑！」

「大帥！」副官上前一步，一併腿，報告說：「日本浪人不可能有這樣好的功夫，在層層守衞之中，能够神不知，鬼不覺的進來，這非得要有最好的中國輕功才能做到。」

張作霖把信紙攤在桌上，說道：「這上面有名字，你們去調查一下，看究竟是什麼人？」

副官拿起信紙來看，見上面是使用的禿毛筆寫的墨跡，歪七扭八的寫着：「大帥！時勢所趨，民命所歸，民國以來，必定統一。大帥不可逞强以害民，應急流勇退，趕快退出北京，回關外去。我們道上朋友，不說假話，希望大帥能拿得起也能放得下才好。——谷青留言。」

「啊！我聽說過這個人，」副官看完了信，衝口而出的述說：「在濟南的五三慘案過後不久，單槍匹馬的衝進日本兵營投彈的那名俠客，據說他的名字就叫谷青。」

「唔？」張作霖不免訝異，「傳說那名壯士，不是已經當場被日本兵的亂槍打死了嗎？」

「不錯，傳說是被打死了。可是，這信上的署名，明明是這兩字呀！沒錯！」副官認定是同一個人。

「這就奇怪了？」張作霖感到納悶了，「照這樣看來，這傢伙不會是被日本人利用的了？」

「如果眞是同一個人的話，」副官有點惑然不解的補充說，「他只有恨日本人欺負中國，他是決不會甘願受日本人利用的。」

張作霖坐下來，沈思了一下，就揮揮手，說道：「你們都下去吧，我要休息了。」

却說谷青逃離了張作霖的官舍之後，又一轉念，就接着潛往日本使館，想再探察一下，芳澤謙吉返回使館之後，又在幹些什麼？谷青希望能趕快解開心中的這個悶葫蘆，以便知所適從。黑夜中，谷青摸到了日本使館，遠遠望見門外有日本兵擔任守衞，荷槍實彈，槍上的刺刀在燈光下亮晃晃的，一副門禁森嚴的樣兒。這跟其他國家的使館，門禁情況大不一樣。日本人在中國土地上如此囂張，看在谷青眼裏更增加了一分怒火。

谷青繞了一個圈子，再加仔細觀察的結果，日本使館的圍墻不但高，而且在墻頭上又豎起了一截鐵絲網。從鐵絲網的支架木樁上，均勻排列的白色磁葫蘆看來，那顯示出可能是電網。谷青雖然不能斷定是不是眞的有電，但也不能輕意冒險。他想試探一下，但又因不懂得試電方法，而莫可奈何！但他實在又不甘心就這樣退却。他隱身在暗處，心中盤算着，估量着自己的輕功，是否能够騰空越過這樣高墻的鐵絲網。他不但沒有絕對的把握，而且也不知道墻內的落脚點，會是什麼狀況？想到這裏，他心生一計，從地上尋到一塊破磚頭，走到墻下，一個聳身就上了墻頭，雙脚懸空而以手臂搭在墻頭邊沿上，因爲有鐵絲網擋着而無法伸進頭去看，就將磚塊丟進墻內作試探，同時已經可以看到有一棟屋裏燈火通明。

谷青雖然聽出來，磚塊落下的聲音是平地，但不料墻內的院子，是方磚鋪地，磚塊落地的聲音，旣清脆而又是在深夜裏特別響亮，登時引起了幾隻狼犬的狂叫，驚動了屋裏的人，都跑出來察看。院內的燈光，也跟着亮了起來。這時候，谷青雖然看不太眞切，但憑看人的輪廓印象就已認出，其中除有芳澤謙吉和土肥原之外，居然還有在天津日本兵營裏曾經見過的那名外號「山狼」的漢奸特務，也在此地出現；祇是對其餘的三個日本人，谷青就不認得了。但見那三個日本人，要去解開幾隻狼犬的鍊條，作放犬偵察之勢。谷青覺得情況不妙，爲免被發現，立刻就從牆頭輕輕落下來，一溜烟的消失在黑夜中了。

二八

在一座喇嘛廟裏，谷青受到了大家的抱怨，尤其對封志道的譏誚，使得谷青無以解嘲。

「你老弟可真是神龍見首不見尾，」封志道的語氣裏酸味十足，「俺們爲你胡忙了一陣，你却溜之乎也。」

「抱歉！」

「你大概也已經知道，我們都到了北京，」封志道仍然是鬆鬆的說着話，「可是，你到了北京，却不先跟我們連絡，反而又一個人去踐，夜探張大帥。」

「抱歉！」谷青還是只說這兩個字。

「怎麼敢要你抱歉呢！」封的口氣更酸了。

巫成忍不住開腔了，說道：「姓封的，你別得了理不饒人了，現在谷青不是來找到我們了嗎？」

「老小子！你別只管護着他，」封志道吼了起來，「他如果不是從日本使舘碰上了難題，他還會想到來尋找我們嗎？虎妞帶着好馬，打老遠來救他，他也甩下就走了！」

巫成被質問的無言答對。

虎妞則上前排解說：「封先生也別再這樣抱怨了，我相信谷大哥決不是不講義氣的人。他所以在北京不先跟我們連絡，還不是急着想先辦事。」

「對對對……」札斯欽喇嘛一迭聲的打圓場，「大家本來都是同一個目標，想幫着革命軍解決北京問題，免遭戰火。今天大家又都見了面，正好商量怎樣來辦事。」

「這檔子事，俺們不參加！」封志道一臉的不高興。

「你不參加？」巫成指着封志道的鼻子追問，「那你跟來北京做什麼？」

「俺們要做什麼，你心裏明白。」封志道撥開巫成的手臂，接着說道：「你答應過的，在天津辦完了事，你就會把我所要的東西交給俺們的。」

「可是，現在事情還並沒有辦完呀！」巫成反駁說。

「可是，現在情況變了，」封志道爲自己辯解，「照谷青剛才所說，現在連日本人也逼迫張作霖退回關外，俺們就不願意也幫着日本人來壓迫俺們的東北老鄉，儘管張作霖有什麼不對，但是，人不親而土親嘛！」

「但是，這總不會是日本人跟革命軍一鼻孔出氣的啊！」巫成指着封志道：「你不可以不顧大局！」

封志道回答說：「問題是這其中究竟有什麼奧妙，俺們都搞不清楚。奉軍固然應該撤出北京，退回關外去，但這樣一來，豈不是又可能會中了日本人的什麼圈套？別忘了日本人居心不良，他要我們張大帥出關，必然是不存什麼好心眼！」

「嗯……」巫成聽封志道這麼一說，也猶豫了。

札斯欽在一旁悠然說道：「既然問題撲朔迷離，而且張大帥也已經拒絕了日本人的要求，日本人下一步又會怎樣，我們不如索性都弄清楚了，再決定怎樣行動。」

「可是，時間急迫，已經不容我們再慢慢的打聽。」巫成感到進退兩難。

「我再想辦法，」谷青挺身而出，「在兩、三天以內，我一定要弄個水落石出。」

「這可是你說的，」封志道釘上一句，「如果兩、三天過後沒有結果，咱們就散夥。」封志道接着轉而對巫成施加壓力，說道：「老小子！到時候你也別再使賴，必須把俺們所需要的東西交出來，讓俺們走路。行嗎？」封志道在這時候，還瞄了札斯欽一眼。

「行！」巫成答得非常乾脆，並又補上一句說道：「咱們分頭去探聽眞象，不能只靠谷青一個人。」

這時候，一名小徒弟進來，挨近札斯欽身邊報告說：「外面來了個年輕人，指名要見您。」

「唔？」札斯欽有點愕然，並反問說：「他叫什麼名字？」

「他堅持要見到您本人，才肯報上姓名。」

「好吧，我出去看看。」

札斯欽和小徒弟，一起出了廳堂。

封志道就又沒話找話說，輕輕冷笑了一下，說道：「這個喇嘛札斯欽的祖師，就是當年跟雍正皇帝結交，被尊稱爲『國師』的那位大喇嘛。」

「我知道。」巫成不在意的應聲着。

「但你可知道，那個大喇嘛挾其異術，却是幫着雍正皇帝消滅了少林寺的主要人物，而今你們這些少林派的弟子，竟然跟札斯欽合夥了，眞是太不可思議！」封志道說這話的意味，像是感慨，又像是在挑撥拆夥。

但是，巫成則坦然回答說：「此一時也，彼一時也。這不能混爲一談！」

封志道點點頭，就不再言語了。

巫成轉身對谷青問道：「你知道小九是怎麼死的嗎？」

谷青仍在沈思，而沒有回答巫成的問話。

且說札斯欽走到大門口，對來訪的年輕男子，只察看了一眼，就露出了神秘的微笑問道：「你要見札斯欽嗎？」

「是的。」

「我就是札斯欽。」

「哦！」這年輕人用懷疑的眼光，看着面前穿着一襲普通長袍的中年人，除了光頭之外，不像是一位喇嘛。

札斯欺會意的又說道：「你看我不像個喇嘛，是不是？」

這年輕人很不自然的點點頭。

札斯欺又輕笑了一下，說道：「我看你也不像一名男子，對不對？」

這年輕人的臉上紅了，趕忙打躬，說道：「大師好眼力，在下小女子名叫白玉婉，特來向大師尋訪巫成老前輩和谷青二人。」

「嗯！」札斯欽已明白了大半，就藹然說道：「姑娘暫且在門房坐下稍候，我去叫他們出來。」

玉婉拘謹的坐下。札斯欽反身回內院去了。

巫成和谷青，對於白玉婉的到來，都大感意外。巫成怪自己先前不該無中意對玉婉透露了在北京的落脚點；谷青則堅持不便在這時候與玉婉見面。祇有封志道，反而表示佩服玉婉的勇氣，却惹惱了虎妞。

虎妞一跺脚，對着封志道大發脾氣說：「你是事不干己，反倒說起風涼話來了。」

封志道似乎是故意要虎妞頭痛，又鬆鬆的說道：「你們都是姑娘家，現在只有你可以照料白玉婉了。」

「你說什麼？」虎妞眼睛瞪得好大。

札斯欽對虎妞招招手，說道：「我這廟裏既不便留你住宿，當然也不便留白姑娘，只好要你帶領她，先到你的住處，暫且住下再說。」

「對！」巫成斷然作了決定，「虎妞！你快帶她去你的住處，這也等於是幫谷青一個忙。」

虎妞轉臉瞪視谷青，谷青一臉的莫可奈何。虎妞輕輕「哼」了一聲而去！

虎妞原本是借住在距離喇嘛廟不遠的一家民宅裏，當虎妞領白玉婉進入這家民宅的時候，引起了房東家人們的異樣眼光，這使得虎妞感到非常的窘。因此，一進入房間，虎妞就對玉婉，氣生生的說：

「你趕快把衣服換了，免得人家譏笑我，帶來了一個男小子住在一塊兒！」

玉婉忍住性子，沒有說什麼，但見虎妞，翻出自己的女裝，扔在玉婉面前。

「我自個有帶來，」玉婉緩緩的解開隨身的小包袱，亮出一套女裝來，「我所以穿着男裝出來，只不過是爲了一個人出門旅行方便。」

「現在你達到目的了，」虎妞的語氣，仍然是冷冷的，「但是，你實在是不應該來的！」

玉婉有點忍不住了，就頂了虎妞一句說：「我知道，你是最不高興我來的。」

「你既然知道這個，那你爲什麽還來?!」虎妞毫不掩飾自己的妬意。

「因爲心神不定，不由自主的就跑來了。」

「你這一來，反倒使得我心神不定了。你快點回去好了!」

「不!我還沒有見到谷青!我就決不回去!」

「你別賴着我，增加我的麻煩。」

「我並不想麻煩你，這是他們的主意，要我跟你住在一起的。」

「這麽說，你並不承我的情囉?」

「我沒有這麽說。」

「坦白告訴你，」虎妞兩手一叉腰，「你想從我這兒，把谷青奪過去，恐怕辦不到!」

「怎麽着?」玉婉也轉而强硬起來，「既然由你揭開了話頭，咱們就說個淸楚，谷青也還並不是屬於你的人，這就不能算是我向你奪愛。」

「哼!」虎妞一仰臉，「你別自作多情，谷青也決不會是屬於你的。到頭來，你我兩個，都可能會失望的。」

「那我也認了!」

這兩位姑娘，爲了爭一個男人的愛，在房間裏爭辯了一陣之後，虎妞見玉婉的心意十分堅定，感到無可奈何的苦笑一下，說道：

「人世間的事，就是這麼奇妙，來了一個我最不願意見到的女子，却又非得在一起照顧她不可！」

「虎妞姐！」玉婉衝口而出

「啊？」虎妞一楞，「你叫我虎妞姐？」

「嗯！我叫你虎妞姐，」玉婉的心情，又變得平靜而溫婉，「因爲我想跟你做朋友。」

虎妞心軟了，同時也覺得玉婉不是一個普通女子，相對之下，反倒顯得自己的氣量太狹了。

於是，虎妞也改變了態度，心平氣和的說道：

「玉婉！我們的心思，都可能會白費的。」

「爲什麼會白費？」

「因爲谷青是一個眞正的俠士，他行走江湖，四海爲家，他決不可能會定下來的。」

「我盼望他有一天會定下來。」

「那只怕到那時候，他已經是白髮蒼蒼了！」

「但總是會有那麼一天的呀！」

虎妞終於被玉婉的眞情所感動了，她從座位上輕輕拉起玉婉，互相凝視良久。虎妞突然擁抱住玉婉，眼含着淚水，激動的說：「玉婉！我們兩個都太儍了。」

二九

「山狼」發現自己被谷青暗中跟蹤，就心頭冒火，谷青除了不能跟進日本使館而外，幾乎他沒有一個地方不是被谷青盯梢的。山狼甚至故意跑進八大胡同的「揚州班」去逛窰子，也仍然受到谷青的干擾。這樣兩天下來，山狼決心要對付谷青的跟蹤。

一天傍晚，山狼從大街走入一條曲曲折折的長胡同；又從這條胡同轉入了一座僻靜的荒園。但谷青跟進了這座荒園之後，却不見了山狼的蹤影。

谷青頗感詫異，這座荒園有高牆而別無出路，怎麼就不見山狼的影兒了呢？於是，就悄悄的向荒廢的亭台、假山及雜亂的花木叢中去尋找，而仍然無所發現，甚感悵然。但當谷青轉身正想要走出荒園的時候，突然覺得有人在背後用槍口抵住了脊梁。

「別動！」

聲音很低沉，谷青自然的張開了兩隻胳膊。

「你爲什麼跟蹤我？」

「我只想跟你談談。」谷青鎭靜的回答。

「我却只想殺了你！」

「那現在就是你動手的時候。」

「你不認爲我會殺你嗎？」

「你曾經救過我一命，現在可以還給你。」

「我從來不放過第二次的。」

「我聽小九說過你有這個習慣。」

「小九已經在天津被殺了！」

「我知道。」

「你當然知道，他就是你殺的！」

「如果你相信是我殺了小九，那你現在就替他報仇好了，免得我爲小九的寃死，而感到內疚」谷青的聲音裏，流露出深切的感傷。

山狼伸出一隻手，從谷青的背後，摸索谷青的身上並沒有攜帶任何武器，遂卽命令的說：「你轉過身來！」

谷青轉過了身來，但見山狼的手槍，仍對準着他的胸膛。谷青就面帶笑容的說道：「你仍不肯收起槍來嗎？」

「你的武功好，我不能毫無防備。」

「我無意傷害你。」

「我不能相信你。」

「大丈夫不作虧心事。」谷青說着話，逕自轉身坐在一邊的石凳上，「請你收起槍來，彼此好好談話。」

山狼見谷青的神情很安詳，終於收起了槍，但仍保持距離的與谷青對面坐下。

「你是怎樣發現我在北京的？」

「三天前的夜晚，我看見你跟土肥原，都在日本使館裏開會，那是芳澤公使剛去會見張大帥回來之後。」

「唔？你進入過日本使館了？」

「我不曾進入，但曾看見你們。」

「哦！我明白了，那晚驚動了狼犬狂叫，就是你。」

「不錯！」

「所以，你發現了我，就跟蹤我。」山狼停頓了一下，接着問道：「你剛才說，你只想跟我談談。你想要知道什麼？」

「我想要知道，日本人怎樣對付張作霖？」

「這我不能告訴你。」
「張作霖已經拒絕了日本政府的要求，他不肯撤回關外去。」
山狼神色一怔：「你怎麼知道的？」
「芳澤跟張作霖的談話，我都聽到了。」
「唔？」山狼半信半疑，但見谷青的表情不像是在撒謊，於是，就說道：「既然你已經知道了，何必再來問我？」
「我還想要知道，日本人的下一步作什麼？」
「這連我也不得而知。」
「那你總該知道，日本人爲何要求張作霖撤回東北？」
「日本人想要幫助張作霖東山再起。」
「那是表面文章。事實上，日本人必另有所圖。」
「你很聰明，」山狼點頭沉思，「但是，我還是不能告訴你。我爲什麼要相信你呢？」
「因爲彼此雖然不同路，但是同道。否則，你上次也就不會救了我。」谷青說到這裏，見對方仍無動於衷，就又委婉的說道：「既然張作霖已經拒絕了日本人的要求，這張底牌也就無關重要了，你何妨說出來呢？」
山狼又遲疑了一下，終於說道：「由於東三省的排日事件，層出不窮，日本人嫌張作霖不够合作，就表面上說是歡迎張作霖撤回東北，實際上則想乘人之危，趁張作霖沒有防備的時候，殺掉張作霖，解除其部隊武裝，以絕後患，而圖佔領整個滿洲。這是日本關東軍司令松岡中將，採納了高級參謀河本大佐所定的計策。」

「張作霖拒絕了日本人的假慈悲，是不是已經有了這個警覺，才不肯上當呢？」

「那就要去問張作霖是怎麼想的了。」

「這麼說來，我們反倒不便促使張作霖出關了。」

「可是，人人都已料定，張作霖在北京，必然是抵擋不住革命軍的。」

「如果能讓張作霖明白處境的險惡，他肯投降革命軍，倒不失為是一個正確的出路。」

「我警告你！」山狼一躍而起，神態嚴肅，「如果你出賣了我的話，我會殺了你！」

「你的心思古怪，反復莫測，你究竟是何許人？」

「你不必知道！」

「總可以請教你尊姓大名？」

「小九沒有告訴你嗎？」

「他只說你外號叫山狼。」

「那就夠了！」

「在天津的時候，你為何要救我？」

「那只因爲我佩服你是一條漢子。」

「就再沒有別的原因了嗎?」

「我倒要反問你，你現在所幹的事，沒頭沒腦，自個瞎撞，又是爲的什麼呢?」

「愛國。」

「我可沒有你這樣的好造化!」山狼走了兩步，又回頭對着谷青，以低沉的口氣說道：「你要記住，如果你再被日本人捉到的時候，我就會親手殺了你!」

山狼揚長而去。

谷青對這個人，又感到迷惘不解了。

谷青回到喇嘛廟，把自己所得到的秘密消息說了一遍，立刻引起一場爭辯。由於谷青不肯表露這秘密消息的來源，封志道抱着懷疑態度，而堅決不贊成阻止張作霖回東北。否則，在奉軍抵擋不了革命軍收復北京的情況下，張作霖豈不是無路可走了嗎?但是，巫成和札斯欽，則仍認爲促使張作霖撤出關外，讓革命軍和平接收北京，是比較合乎時宜做法。至於谷青本人，却改變了主意，認爲張作霖唯有歸順革命軍，擁護民國，方爲兩全之策。

大家的意見紛歧，一直不曾開口的虎妞，這時候却忍不住說話了，「請容晚輩說幾句話，如果有言詞不當的地方，還請各位前輩多多包涵……」

玉婉牽扯虎妞一下，想要虎妞坐下來別講話，但被虎妞甩開了。虎妞繼續說道：

「這是國家大事，我覺得我們這些江湖小人物瞎操心，起不了什麼作用。最初，我們是爲了要搭救谷青脫險，講的是江湖義氣，所以，才來到京津，這是無意中聚在一起。如今，谷大哥既然已經平安無事，我們也沒有力量能夠驅逐日本人的勢力，就別再管其他的問題，而且也管不了。」

虎妞的這番話，說得大家啞口無言。半晌，封志道才發氣的說道：

「這話又說回來，如果不是谷青跑來北京多事，我們也就不會都被捲入了這個問題來爭論，豈非庸人自擾！」

「封大俠這話就不對了，」谷青雙手一拱，「我谷青感謝各位仗義救援，但我並無意再讓各位捲入什麼問題。至於應該做什麼事，人各有志，卽使人看我是傻子做事，我也認了。」

封志道不再答腔，但虎妞却又忍不住開口說道：「聽谷大哥的話裏，好像對我剛才所說的話，不以爲然。其實，我是眞誠的有感而發，凡事應該量力而行。我覺得大家應該離開北京，各奔前程。現在白玉婉是爲了尋找谷青來的，也應該對她有個安排。我個人要回南方去了！」

虎妞說罷，就負氣的往外走。巫成立刻上前攔阻；玉婉也隨後拉住了虎妞。谷青則陷於尷尬的情緒之中。

巫成歎息了一聲，說道：「今天的一番討論，雖然沒有結果，但總算都已經把話說開了。大家再好好考慮一個晚上，明天再來決定各人的自由行動。」

一名小徒弟跑進來通報說，有人來尋找白姑娘。緊跟在後面，出現的是甘玉堂。

三〇

一夜之間，情況變了。

北京城內，一時轟傳，張作霖已經決心取消「大元帥」的稱號，退兵出關。這個總退却令，就快下達了。

奉軍的營房，已開始整裝，作移防的準備；散居在民宅的奉軍官佐的家中，也開始把家私打包。種種跡象，都支持着這個傳言，決非子虛。

巫成一夥人，對這個消息，一則以喜而一則以憂。喜的是奉軍退出北京，免於戰火，可讓革命軍和平收復京津，完成統一大計；而憂的是張作霖出關後的安全，會否遭受日本人的毒手，一如谷青所得情報那樣的對張作霖不利呢？尤以封志道，基於地緣鄉情，最不願見日本人的陰謀得逞，他辭謝了巫成和谷青請甘玉堂吃酒作陪之約，即去向東北同鄉打聽張作霖出關的消息是否確實。

巫成和谷青，請甘玉堂下館子接風，是在客地來略盡地主之誼，同時也是想藉便在公衆場所聽聽風聲。札斯欽是西藏佛教的喇嘛僧，一向不去館子進食的。而玉婉却反過來要絆住虎妞不得溜走。何況這兩位姑娘家，也不便隨同下館子去吃酒，索性就都留在住處。

這雖是一家普通的小吃館，但座位却够多，坐滿了三教九流的人物，氣氛顯得亂烘烘。巫成、谷青和甘玉堂三個人，揀了當中的一張小方桌坐下，可以眼觀四面耳聽八方。巫成叫了酒菜，三個人就開始悶聲不響的喝着吃着。

果然，只聽得酒友食客們所談論的話題，都是奉軍卽將撤退出關的事。有人譏笑奉軍不堪一擊，就要開拔了；但多數人的論點，則是贊成張作霖急流勇退，不失爲是明達的選擇。這些話語，飄進了谷青的耳裡，他心想：奉軍願意撤退出關，讓京津和平統一，本來是一件好事，也是形勢演變之所必然，但大家那裡會知道，日本人却又在暗中攬局，將會對張作霖落井下石呢！

谷青想到這裡，就獨自猛乾了一杯酒，兩眼又盯在桌面上沉思。

巫成一面替谷青斟酒，一面傾斜着身子，對谷青低聲說道：「你先前所得到的那個消息，會是眞的嗎？」

「但願不會是眞的！」谷青沉鬱的回答。

「如今的情況，果眞走上了這條路，後果究竟會怎樣，你要不要再去打聽個確實呢？」巫成沉吟着。

谷青一聳肩，說道：「這種事，是很不容易再去揆頭的，算了吧！」

甘玉堂插口說：「就把已經知道的這些秘密情況，想辦法告訴姓張的，讓他有個防備，不也好嗎？」

「這話也對！」巫成點着頭。

但是，谷青却輕輕的搖着頭，說道：「他不會相信的，而且我們也沒有得力的人去轉話，怎能使得他相信。」

「可也不妨一試。」甘玉堂又加上了這麼一句。

「你不知道我還有一個顧慮，」谷青仍在思考着，「如果被他相信了，而改變主意不走了，豈不影響了整個大局？但結果我們的消息如果並不眞確，那豈不是我們愚蠢做了兩方面的一件壞事？」

甘玉堂和巫成，都連連點頭，而一時無話可說。這一桌上的三個人，都又沉悶的吃着喝着，但很不是滋味。

在無聊之中，谷青不經意的抬頭四面望了望，驀地發現在一個角落的小桌上，孤零零的坐着一個人，正是「山狼」，彼此的目光，剛巧相對，而使得谷青不由得一楞，正想要起身過去打招呼，山狼却立刻丟下一塊大洋在桌面上，卽抽身離去。

巫成察覺谷青的神色有異，就一把按住了谷青，用稀鬆平常的口氣說道：「在這種地方，不要多事。」

谷青轉過頭來對巫成低聲說道：「那個人是小九的同夥！」

「唔？」巫成愕然的望過去，已不見其身影。

谷青就起身追了出去。

背坐着的甘玉堂，不明白他兩個人是怎麼回事，以疑問的眼神注視巫成。

巫成對甘玉堂解釋說：「谷青看到了一個關係人。」

谷青很快就又轉回來，兩手一攤，表示已經看不見人了。

△　△　△

六月二日，張作霖發表了出關通電，京津各報也都刊載了電文，北京街上也貼出了告示。這篇堂而皇之的電文，是這樣寫的——

『曩以內亂未已，波及外交，曾經通電全國撤退各路軍事，表示息爭意旨，諒邀監察，是期彼此覺悟，早靖糾紛，既釋友邦之憂疑，並泯未來之赤禍，乃外交之責難方亟，而同室之操戈本休，瞬將喋血京畿，轉恐禍延中外。溯自頻年用兵，商賈失業，物力凋殘，百姓流離，餓殍載道，實已慘不忍言，若再周旋武力，徒苦吾民，既乖討赤初衷，亦背息爭本旨。上年膺此艱鉅，本爲救國而來，今救國志願未償，決不忍窮兵黷武，爰整飭所部退出京師，所有中央政務暫交國務院攝理，軍事歸各軍團長負責，此後政治問題，悉聽國民裁決。總之，共和國家，主權在民；天下公器，惟德能守。作霖戎馬半生，飽經世變，但期與民有益，無事不可犧牲。所冀中華國祚不自我而斬，共產惡化不自我而興。此則可告無罪於天下後世者也。特布區區，至希亮察。』

谷青和甘玉堂，看過了這通電文，都慨然的表示，如果這是出於張作霖的肺腑眞誠，其言詞之懇切，倒是頗爲令人感動。

「當然是眞誠的，」封志道立刻表示出維護的態度，「俺們的這位東北老鄉，可算得是光明磊落的離開北京。」

「聽說奉軍把所有的列車車廂，都調集起來使用，除了人馬搭車之外，還帶走了許多物件，昨晚已經先開出了兩列車。」札斯欽坐在一邊，像念經似的述說着。接下去，又嘆息的補上一句：「這眞是一次大搬家！」

「那我們也應該各自囘家了。」虎妞瞟了玉婉一眼，又轉對大家說：「我們是來無聲，去無蹤，散了吧！」

「我是這一輩子都得守着這座廟，倒可以方便各路英雄再來落脚。」札斯欽閉起了雙目養神，繼續悠悠的說道：「各位請便，後會有期。一切簡慢，還望海涵！」

「這幾天沒有火車搭了，怎麼走呢？」虎妞望着玉婉說話。

但閉目養神的札斯欽，却接口說：「虎妞姑娘的兩匹好馬，寄養在城外馬廐裡，只有你是可以隨時上路的。」

札斯欽的話不對題，虎妞沒再言語。

甘玉堂則走向玉婉面前說道：「玉婉！聽甘大哥的話，今天就跟我一起回白石鎭去吧?!」

甘玉堂與玉婉之間，這樣親切的稱呼，是理所當然的。他已拜爲白爹的義子，並已娶了玉婉的寡嫂秀鳳，自應以兄長關係對之。所以，玉婉也不再像過去那樣任性的頂撞甘玉堂，而祇是以沉默來表示不甘願。別人雖尙不知他們之間的關係變化，但聽到甘玉堂對玉婉以大哥自居，也都並不在意。

因此，虎妞卽順口說道：「玉婉！你就跟甘大哥回去吧，他是專程來接你回家的。」

玉婉不回答虎妞的話，眼睛却直盯在谷靑的臉上。谷靑現出爲難的表情，同時也有點尷尬的避過了玉婉的視線，而起身走向窗前，對着院中的一株梧桐樹出神。

這番景況，看在虎妞眼裡，又意識到自己的話，可能是被玉婉誤解了。於是，虎妞就又斷然的說道：

「還是我先向各位告別了吧！」

「不行，」谷靑立刻轉過身來制止虎妞，「你總得跟巫師伯當面打個招呼，才可以走呀。」

虎妞被僵住了。

封志道却一頓足，說道：「巫成這老小子，跑到那兒去了?一天一夜都不見他的人影子！」

札斯欽接口說：「昨天傍晚，他對我說，他要出去探聽點消息。」

「可是，現在也該回來了啊！」封志道發氣的說。

虎妞淡然一笑，說道：「封老前輩你這樣又氣又急的樣子，就只爲了等着向我師伯要那件東西嗎？」

「不爲這個，又來爲啥！」封志道頹然坐下。還是又瞟了札斯欽一眼。

札斯欽徐徐睜開了眼，注視了封志道一會，好生奇怪的問道：「只聽你三番兩次的說要那件東西，究竟是什麼東西？可不可以明白的說出來呢？」

「你眞的不明白嗎？」封志道反問了一句。同時在心裏疑惑被巫成說謊了。

「其他人好像都知道是什麼東西，祇有我不明白。所以，多問了。」札斯欽又合上了眼皮。

「我來說！」虎妞似乎不忍讓札斯欽感到見外，「他所想要的那件東西，就是我師伯所收藏的那半張地圖。」

札斯欽睜開眼，只望了虎妞一下，却無所表示。

玉婉這時候忍不住開口說道：「札大師怎麼不會聽說過，那半張地圖，可能是跟藏寶的地點有關係。」

「哦，原來是這麼回事。」札斯欽的反應很平淡。

玉婉此言一出，使得其他人都爲之一楞。而封志道在錯愕中，則記起在白石客棧的一幕。於是，封志道索性就從懷中掏出來另外半張地圖，亮了一亮，說道：

「其實，各位都是自己人，我也不妨公開來說，從前在一個偶然機會裡，我和巫成發現了這張藏寶圖，但被巫成眼明手快的撕去了一半。這個藏寶地點，是在長白山的狼子山套裡，是當年被一股紅鬍子遺留下來的財寶。年久湮沒了，不要白不要。所以，這幾年來，我就到處追蹤巫成，想把地圖合攏來去尋寶。如今，我倒願意跟各位分享了。」

封志道一口氣說明白了，興高彩烈的等待大家的熱烈反應，但竟出乎意料的並未能激起大家的什麼情緒。這使得封志道自己的笑容，也僵在臉上了。

「我對這個沒有興趣。」札斯欽淡然處之。

「可是，巫成說那半張地圖在大師手裡。」封志道乾脆揭了底。

札斯欽的神色一怔，接着就輕輕的搖着頭，又閉目養神。

谷青則慨然說道：「我相信我師叔，他是不會貪圖這身外之物的。」谷青轉臉對封志道說：「你放心，如果確有其事，我會勸他把那半張地圖還給你。」

封志道被這冷漠的氣氛，弄得很沒趣，失神的又把另半張地圖塞回懷裡，坐到一角去納悶。

突然間，巫成急慌慌的回來了。他來不及回答大夥的招呼，就一把拉着谷青，往廂房裡去秘密說話。

巫成問谷青：「我徒弟小九，在天津被殺的時候，你在場嗎？」

「是的，我和他在黑夜裡相遇，他是被日本兵開槍誤殺的。」谷青禁不住又傷感起來，咽聲的說道：「我對這個意外事故，很痛心，也很內疚，還不曾全盤的告訴你，免得你也難過！」

巫成抹了一把老淚，定了下神，就繼續問道：「你前幾天所說的那個秘密消息，可是從小九的朋友口裡得來的？——就是昨天我們在餐館裡見到的那個人嗎？」

「不錯，正是他。」

「那就對了。」巫成深深的一點頭。

谷青不明所以的急問：「怎樣啦？」

但巫成不及回答谷青的詢問，即又引着谷青出了廂房，在廳裡招呼大家聚攏來，用低沉的聲音告訴大家說：

「張作霖專用的豪華列車，明天六月三號，就要從北京的前門車站，開往瀋陽。日本人是眞的會在中途暗算他的，日本關東軍的軍部，已經跟在北京的日本使館有連絡。」

「啊！」大家都一聲驚訝。

巫成繼續說：「我這是把谷青先前的消息，又作了進一步的打探。日本人準備在白旗堡車站不遠的地万下毒手，時間是在三號的夜晚，也就是四號的凌晨，大約是要計算着張作霖的特別專車，通過日旗堡車站的時間，就在過站的第一座陸橋地方，暗置下炸藥。」

封志道緊張的揷口說：「白旗堡是北寧鐵路上的一個小站，距離瀋陽市已經不遠了，還只剩下大約一小時的行車時間，再過了新民車站，繞過一個大彎道，再通過了皇姑屯小站，前面就是瀋陽了。」

「你是旗人，對那邊地方比較熟悉。」巫成接着又對大家說：「現在情況緊急，大家趕快想想看，我們應該怎麼辦？」

「我們既不可能阻止張作霖不走，而且這種風聲也嚇唬不了他。」札斯欽冷靜的發表意見，「剩下的辦法，就只有去對付日本人的暗算。」

「對！這件事，是我們應該一致對外的時候。」封志道變得積極起來，「不管張作霖怎樣，總不能讓他死在日本人手裏。拜託各位，務必要見義勇爲。」

「我已經決定要參加這個行動，」谷青似已早有準備，「不然的話，如果讓日本人得手了，就很可能又會造謠挑撥，說是革命軍幹的。」

「嗯！」巫成深表同感，「那幾乎是必然的。」

封志道見甘玉堂無所表示，就一拱手說道：「甘兄！我們彼此雖然是初交，但蒙、旗是一家，請甘兄也務必要助這一臂之力。」

「封前輩說的是，」甘玉堂也反手一拱，「現今是民國時代，五族共和，自然應該一致團結對外，祇不過眼前小弟有個顧慮，玉婉和虎妞姑娘留下來沒人照護。」

虎妞一聽這話就跳起來：「我不需要誰照護，我也是走過大江南北的，而且我也決定跟你們一起行動。」

「那就拜託札大師照護白姑娘好了。」巫成提議着。

札斯欽同答說：「我是方外人，有所不便，還是由你這位老伯伯留下來，讓我跟他們去關外辦事比較好。」

「誰說我老了，我的胳膊腿還是靈活得很哪！」巫成說着，就又取出酒囊來，呷了一大口。

「你不服老，可是，我的筋骨總還比你年輕點吧？」

「你是西藏大喇嘛，別管關外的事。」巫成頂上了。

谷青急忙打圓場說：「師叔！你就別爭了，請你留下來，可能還會有重要的事。」

玉婉耐不住了，幾乎用哭的聲音說：「看你們，只把我當成了累贅，我也練過幾天功，爲什麼就不能跟着你們去，我不怕！」

「玉婉！」甘玉堂出聲制止。

巫成莫奈何，只好說道：「玉婉姑娘！咱們兩個就留下來得了。趁這機會，我還可以教你幾手功夫。」

玉婉聽了，果眞的眼睛一亮。

谷青遂即說道：「事不宜遲，我們五個人必須立刻出發，快馬加鞭的從小道出關，要在明天日落以前，先趕到白旗堡，才好有時間準備夜晚的行動。眼前只需要再弄到三四馬來用。」

「對！這要快，」封志道一躍而起，「到了那邊，俺們負責弄到槍枝就是了。」

「我們現在就去馬廄借馬。」札斯欽入室去更裝。

巫成這時候從衣服夾層裡，抽出摺叠成塊的那半張地圖來，交給了封志道；但這時候封志道紅着臉，反倒不好意思接受了。

夜涼如水。

巫成陪着玉婉，坐在後院的梧桐樹下，閑話家常。玉婉心事重重，面對着巫成的絮叨碎語，只是有一句沒一句的漫應着。

從前堂傳來小喇嘛們的誦經聲，幽幽微微，已近尾聲。銅鈴又響了幾下，卽告靜無聲息。

巫成悠然說道：「他們的晚課完了。」

「這時候，不知道他們怎樣了？」玉婉惦念着另外的人。

「哦！」巫成感覺出玉婉心思只在谷青身上，「他們這會兒，可能還沒有到達那邊，不過，也不用躭心，他們的功夫都很了得。」

「這件事過後……」玉婉沉吟着，「巫老伯可不可以帶谷青回白石鎭呢？」

巫成一時不知如何回答才好，但又不願意讓玉婉失望，就只好說道：「儘可能的，我會讓谷青再去白石鎭。」

「您老知道，我不可能在北京久留的。」

事。」

「我知道。」巫成深表同感。並又安慰玉婉說：「能讓玉婉姑娘不虛此行，也是我所樂意的事。」

「謝謝……」玉婉話未說完，似乎忽而聽到後牆角有什麼聲響，轉頭望了一下，但於夜色中並未察覺出來有什麼東西，一切仍是靜悄悄的。

巫成亦未在意，祇是催促玉婉說：「夜深了，我送你到前面廂房去歇息。」

「我不要睡在那裡。」玉婉像小孩子一樣擰着脖子。

「咦？」巫成不免一楞，「那是這寺廟裡的唯一的一間客房，專爲俗家人用的，所以我讓出來給你住。你不要，可就沒有地方了呀！」

「前面的人多，我不習慣。」玉婉一邊解釋，一邊撒嬌的說：「我要跟老伯在一起，暫時住在這後面的禪房裡，比較安靜些。」

巫成作難的咂了下嘴，有話說不出。

玉婉跟着又說道：「老伯這大把年紀，我等於是您老的小孩子，還有什麼避諱的。」

「祇不過，」巫成雖認爲言之有理，但還是覺得有不便之處，「這禪房原本是喇嘛和尚住的。你女孩兒家，不好使用他們的床鋪。」

「沒關係，」玉婉仍堅持着，「我只要拉張蓆子在地上，和衣而眠，就可以將就了。」

巫成拗不過玉婉，莫可奈何，說道：「好吧，那就讓你睡在這禪房的裡間；我在外間打坐，跟你作伴。我也不放心，留你一個人在後面過夜。」

巫成站起身來，仰望了一下滿天的星斗，逕自走進了禪房。玉婉知道巫成心中不快意，跟在巫成身後，還故意淘氣似的咕噥着說道：

「老伯今兒還說，趁這機會，可以教我幾手功夫。我要跟你住在一塊兒，就可以一同早起練功，豈不也好嘛！」

巫成沒有回答玉婉的話。

月光漸漸升高，照得梧桐樹葉在地面上搖擺着。

禪房的兩扇門是緊閉着的，月光從門縫中射進來一條線。巫成盤膝打坐在羅漢榻上，閉目養神，又像是睡着了。

裡間的房門也緊閉，玉婉在裡面沒有一點聲息。

但是，玉婉並沒有睡着，因爲她的一顆芳心，已隨着谷青去了。玉婉不停的翻來轉去想心事，祇因是蓆地而臥，靜的出奇。

突然間，玉婉發現在後窗外有一個人影兒在晃動。玉婉翹起頭來望了一下，立刻又躺下。她已有了準備，注視着窗外的動靜。

一眨眼，但見有一方格的窗紙被弄濕了，接着就見有一隻手伸進來，悄然無聲的拉下了窗栓，接着悄無聲息的拉開了窗子。這時候，玉婉已經開始心跳，再也沉不住氣了；祇仗着有巫成睡在外間，而眼看那人要越窗進入的當口，玉婉本能的叫出一聲：「誰？」

窗外的黑影兒，立刻縮下去了。

在外間打坐的巫成，被玉婉的叫聲驚醒，立刻跳過來，敲玉婉的房門，急問道：「你怎麼啦？」

但就在巫成問話的同時，玉婉一聳身跳出了窗口，落在屋後的草地上，剛巧迎面就見站立着一個穿着日本和服的男人，對着玉婉訝然一聲：「怎麼是個女的?!」隨即不由分說的一拳對玉婉打過來。玉婉使出「蝴蝶分飛」的招式，先一下撥開對方的右拳，跟着以她所習的左上右下雙蝶掌，正想要打出右拳並跨出右腿進擊對方的時候，却未料不如對方的拳法快，又被對方快如風的打出右拳，而玉婉的左上掌向下排撥乏力，使得玉婉的身子只得後傾閃避，但退之不及，竟仰面跌倒在地上；幸好這時有巫成一個大跨步，跳過來接住對方的下一招，展開了搏鬪，但只三個回合，對方自知不是巫成的對手，就翻身一躍過牆，逃之夭夭。

巫成無心追趕，轉身來見玉婉已經站立起來，問道：「傷着了沒有？」

「沒有。」玉婉楞楞的似在思索什麼，仍站着不動。

「你還在想什麼？」

「我在想，」玉婉一邊思索，一邊輕輕比劃着，「老伯曾經在白石鎮指點過我。剛才如果我按照老伯的說法，採取左下右上的雙蝶掌的話，我就可以連續把對方打出的右拳頂開去。這可見，我是錯了！」

「也不能算是完全錯，」巫成不假思索的說，「祇是因爲你剛才反擊出去的右拳不够快，而你的左掌在上，那就來不及破排對方接連打出的右拳了。」

玉婉聽了，又反倒愕然不解，隨問道：「老伯以前不是說，我這樣是錯的嗎？」

「我所說的那一招技法，是用於防守爲主，進攻爲次；而你剛才所用的技法，是以進攻爲主，防守爲次，就必須要能快如閃電的出拳才行。」巫成拍拍玉婉的肩頭說：「從這次經驗，你應該開了竅，以你自己的功力，在接了對方的第一招之後，就應該知道，先要以防守爲主才對。」

「啊！」玉婉立刻恍然，「錯不在拳，錯在我的反應遲鈍，用錯了拳法。」

巫成點點頭，帶着玉婉回到禪房。巫成又取過酒囊來，呷了一口酒提神。

玉婉坐在一邊，納悶的說：「依老伯看，剛才那個傢伙，究竟是日本人呢？還是中國人化裝的呢？」

「很難說。」

「可是，他會用少林拳。」

「人人都可以學的。」

「眞奇怪！他爲什麽找上我來呢？」

「傻姑娘，」巫成的這一句話，好親切，「他的目標必定是我，却沒料到是你在這個房間裡。」

「哦！」玉婉恍然，「這豈不是行踪洩露了嗎？」

「所以，我這會兒開始躭心起來，只怕谷青他們的行動，也難保不會被日本人發覺了！」

「哎呀！」玉婉急得跳脚，「我們快去追他們。」

「算一算時間，」巫成搖頭，「已經來不及了。」

「這可怎麼好呢?!」玉婉越發的着急。

「你先別着急，只管去睡。」巫成沉思着說：「只怕很快就會有一個人來跟我連絡，我要在這兒一直等着。」

玉婉忐忑不安的走向房間，忘了門是關着的。

巫成笑了一下說：「你還得從窗戶回房去啦！」

玉婉走出禪房，繞到後窗去了。巫成的心神立刻又沉重下來，他自言自語說：「山狼應該不會變卦啊?」

三一

皎潔的月光，如水銀瀉地；大地是一片沉寂。

在這遼寧地區大平原上的夜色，是很美的；子夜過後的鄉野道路上，已不見行旅。偶而從遠處傳來的火車頭叫聲，那是在北寧鐵路上，有列車開往關內的方向去。

突然間，在鄉野裏出現了五匹坐騎，在月光下的硬土路面上，踏着小快步的奔馳着。馬背上的每一個人，都在腰前插着一支短槍，另揹着一支長槍。為首的一人是封志道；後面策馬並行的是谷青和虎妞；再後面是甘玉堂和札斯欽。他們都靜默着，連一聲咳嗽都沒有。

時序雖已到了初夏，但關外的暮春三月剛過，夜晚却還是寒意甚濃，尤其在子夜過後，冷風撲面，仍有着一種刺骨的感覺。

虎妞禁不住打了一個寒顫，接着就輕輕的一聲噴嚏。

「你衣服穿少了。」谷青轉頭看一下虎妞。

「不要緊的。」虎妞搖動着肩膀舒展筋骨。接着說道：「不想關外的氣候，差了這許多。」

「現在是六月四號的凌晨，也才是陰曆的四月十七哪！到了關外，却還是在寒冬的尾上哩！」谷青輕聲細語的數說着。

封志道從馬鞍的皮囊中，抽出一件皮馬甲，說了一聲「接着！」反手就向背後一丟，由虎妞接個正着。

「快穿上吧。」谷青說。

虎妞先把背上的長槍皮帶，從頭上套出來，掛在馬鞍上，穿上了皮馬甲，然後又把長槍皮帶再從頭上套回去，仍然斜揹在背上。她揉了揉鼻子，沒有再打噴嚏。

五匹坐騎，輕快的前進。

抄小道捷徑所走的是泥土路，雖然是在寂靜的夜晚騎馬趕路，所發出的蹄聲，並不顯著。在前方不遠的地方，已出現了燈光。

封志道伸臂一指，回過頭來對大家說：「那邊就是白旗堡車站，我們繞道過去。」

封志道曾經是這一帶的地頭虎，故而十分熟悉。大家也就悶聲不響的，繼續跟着他走路。

不消一會工夫，終於到達了目的地。封志道勒住了馬首，轉過身來，低聲對大家說：

「前面右邊，就是過了白旗堡車站的第一座陸橋。我們轉到左邊樹林裏去，先把馬匹隱藏起來拴好，再悄悄的走過去。」

封志道勒轉馬頭，帶領大家，向左邊斜岔過一塊乾土田，就進入了一片樹林。

大家各自下馬，把馬拴好在樹幹上。然後，各自整備了一下槍枝。

札斯欽則又默默的從馬鞍袋子裏，取出他特備的暗器。那是他從他的祖師傳授下來的致命利器「菊花針」，在當年雍正朝代，是曾經比「血滴子」更早使用過的東西，但少有人知道這種聽不見聲，也看不見影的殺人玩藝。

封志道掏出了懷錶，用小手電筒照了一下，說道：

「現在是三點鐘剛過十分，如果我打聽的那列特別專車的開車時間沒有錯，應該是在四點鐘左右，就會快速的通過白旗堡車站。」

「我們要到那座陸橋地點，先檢查一下，有沒有埋下什麼炸彈？」谷青提議說。

「對！」封志道附和着，「俺們也是這麼想的。」

「不過，」甘玉堂表示了不同的意見，「那樣一來，會不會暴露了我們的行跡呢？」

「可是，如果不先檢查一下，又怎麼能够放心呢？」封志道提出了反問。

甘玉堂沉吟着，不再表示異議。

札斯欽却也贊成的說：「先去檢查一下也是必要的，但不必大家都上去，免得被敵人發現了我們的行跡。」

「我一個人先上去看，你們在下面守着。」谷青自告奮勇的說着，然後一揮手：「現在我們都去陸橋邊，請各位儘量把身子放低一些前進。」

谷青和封志道在前，後面三人也跟着出了樹林。都採取了低姿勢，如同是蹲在地上向前行走，但步子的速度，還是挺快的。

大家到了鐵路邊，谷青對大家作了個手勢停住，並從封志道手中接過手電筒，就先一個人貼着地面爬上了陸橋。其餘四個人，都蹲在草叢裏端着槍，四面的瞭望。

谷青如同一條爬蟲，伏在鐵軌上，按着枕木，一孔一孔的檢查有無可疑的裝置。他爬過陸橋上的一邊鐵軌之後，又跨過另一邊的鐵軌，而掉轉頭來又照樣的爬行着檢查，但突然感覺鐵軌有震動聲，而且這種感覺越來越大，他立刻意識到有火車開來了。

緊跟着，從白旗堡車站那個方向，傳來了一長聲的火車頭叫聲；再緊跟着，就傳來了列車快速飛馳的軋軋聲。在下面的人，都不免驚愕了，怎麼那列特別專車來得這麼快呢？但見谷青連着幾個翻滾，就回到了大家面前。

谷青說：「我還沒來得及檢查完，怎麼專車就提前開過來了？」

「糟糕！」封志道急得打了自己一拳，「或許我把時間算錯了，而且特別專車是過站不停，那會飛快通過的啊！」

說時遲，那時快，列車已經飛快的通過了白旗堡車站，衝了過來。火車頭上的探照燈，射得好遠，照得鐵軌面上閃閃發光。大家立刻滾動身子再後退，伏在草叢裡，無可奈何的只有靜待爆炸聲了！

列車駛近時，大家在暗中抬頭一望，却見是一列貨車，一節節都是黑烏烏的鐵悶子車箱；霎時之間，這列貨車却平安無事的通過了陸橋，疾駛而去。

大家坐起身來，都面面相覷。

虎妞愕然的說：「奇怪？並沒有發生什麼意外！」

谷青廢然一歎說：「噫！這也不必再去檢查了。」

封志道有點洩氣：「會不會是日本人又變了卦了?!」

札斯欽沉吟的說：「也可能是日本人還沒有來得及下手。」

甘玉堂接口說：「嗯！有這可能，因爲時間還早，或許是日本人算準了時間才來下手，我們就守在這兒吧！」

大家一時之間，都納悶了。

「聽！好像有人來。」虎妞突然緊張的說。

大家還沒來得及注意，但果然就聽到有一匹馬奔來，蹄聲越來越近了。

一匹單騎，穿過陸橋下，就勒住了馬，四面望望，就又掉頭穿過去又穿過來，再四面望望，好像是在尋找什麼?

谷青藉着月光，抬頭望過去，依稀認得那個人的身影，但又不能確定，只口中唸着說：「好像是他?」

「誰?」

「山狼!」

谷青正想要挺身而出，却被封志道一把按住了。封志道悄聲對谷青說：「不可大意!」

那人騎在馬上又打了兩轉，終於忍不住以焦急的和試探的聲音，叫道：

「谷青?!」

這邊的谷青，聽出聲音來了：「啊!果然是他。」

但其他人，對於山狼爲何許人也，都並不知道，只不過僅能從谷青的反應上，覺得是可以放心的，也就不再阻攔谷青出面了。

谷青從草叢裡站起身來，應聲而答：「我在這兒。」

「在那兒?」山狼似尚未看到，「你快過來!」

谷青開始向山狼走去。

冷不防有一排槍，從相對的方向射過來，山狼不及下馬就掏出槍來還擊；谷青也立刻開槍還擊，並一面就地隱蔽。但見山狼一頭栽下馬來，那匹馬受驚而狂奔。

「我們中計了！」山狼倒在地上，大聲叫着。

谷青對後面的人大叫：「快來掩護！」

其餘的人也都拉出長槍，朝向看不清的敵人目標亂射。這時候，谷青聳身一躍，快如閃電的連翻了兩個大跟斗，就跌落在山狼身邊，俯在地上企圖把山狼救回，但敵人的幾個影子却接近了。虎妞一看情勢危急，就大聲叫道：

「谷大哥！小心。」

虎妞不顧一切的開着槍，上前去掩護谷青救山狼。甘玉堂和封志道，也跟上來，連發的射擊敵人，可惜封志道找來的槍枝太陳舊了，難以抵制日本關東軍士兵的精良武器火力。就在谷青揹起山狼向後跑的時候，虎妞「哎呀」一聲的中彈倒地。封志道想要阻止最前面的一名日本兵追擊，不料自己手中的長槍扳機忽然卡住拉不開了，他立刻丟掉了長槍，拔出了短槍正要射擊的時候，自己却也中彈倒地了。甘玉堂見勢不妙，一夫難抵，也丟掉長槍，而一躍飛起，連翻了幾個倒跟斗，又回落到草叢中，這時候，却見札斯欽盤膝打坐，而氣得甘玉堂一跺脚，大聲吼道：

「你這是幹什麼！」

札斯欽仍穩坐不動，右臂只一伸，往甘玉堂的小腿肚子上一撥，甘玉堂即踉蹌的撲跌到後面去了。

這時候，有五名日本兵，端着槍，衝上來。但由於草枝的高度，剛好掩住了札斯欽的頭頂，而在月色中，使得日本兵不容易看清楚，只管繼續端着槍前進。在相距不下百步的地方，但見札斯欽兩手一揚就像有五朵金色的野菊花，閃閃發光的旋轉着飛出去了，也同時聽到了那五名日本兵，都「啊」的一聲慘叫而倒地。

但接着就又有第二波的五名日本兵衝上來，而札斯欽仍坐在原地不動，却不料先前已經中彈倒地的虎妞，這時候躺在地上却忽然翻滚着又用手槍射擊，而使得札斯欽一驚，爲了救虎妞，他不得不騰空而起，一個大跟斗飛向前，落在接近虎妞的距離，同時又從兩手中飛出了五朵金色的野菊花，立刻又把第二波的五名日本兵也都撂倒了。

札斯欽一個跨步，從地上把虎妞像老鷹抓小鷄似的拎起，一個箭步，兩腿懸空飛起，就又回到了草叢裡。

原來札斯欽的「野菊花」，是如此的厲害，每一束針打出去，就像剛開始怒放的一朵菊花，在旋轉中愈開愈大，如同野菊花花瓣般的展開來，打上了人的天庭到咽喉之間的一個圓面上，不但有發必有中，而且是見血封喉，立死無疑。而札斯欽身上的一襲煙黃色的長袍，在月光下飛起身來向前衝的時候，也變成了一種保護色，而使得日本兵的眼睛失靈了。

這時候，甘玉堂跑去看谷青和山狼的情況，只聽到山狼喘息着對谷青說道：

「別問我從那裏來，也別問我的名和姓，只道是華夏之子，來無影，去無聲。」

「告訴我，」谷青仍坐在地上抱着山狼，「你總有個來由，你爲何要這樣做？」

「我跟你一樣，」山狼的氣息更弱了，「這一切都是自願的，這是應該做的事，何必還要問來由。」

「現在幹完了，」谷青在激動的聲音中，忍着淚痕，「我們走——我要揹着你一同走！」

「你們快走，」山狼盡最後一點力氣，舉起了手，「你們走……我不行了……」

山狼的手臂忽然下垂，氣絕了。

谷青終於泣不成聲了，他從不曾這樣的流淚過。

甘玉堂哀戚的對谷青說：「封志道也被打死了。所幸虎妞姑娘，並不曾被打中要害。」

「快！」谷青揹起了山狼的屍體，「我們快回到樹林裏去。」

札斯欽也去揹起了封志道的屍體。甘玉堂則攙扶着虎妞。大家又一起回到了樹林裏。

谷青先為虎妞裹好了傷，彈中肩胛，雖流血不多，但已傷了筋骨，那需要長期療養。

在谷青和甘玉堂挖坑的時候，札斯欽却又在一旁打坐，口中念念有詞的一陣過後，對谷青問道：

「山狼他說，我們中計了，是怎麼回事？」

「他說，他被土肥原發覺了可疑，就利用他作了反反間的反間計。」谷青一面挖坑，一面回答着。

「那是說，在這個地點，炸火車的情報是假的?」札斯欽已經猜出來了。

「就是日本人這樣騙了他，」谷青恨恨的說，「當他發覺受騙了，他就立刻去找巫成，才知道我們已經出發了，他就立刻追了來，但已經太遲了!」

甘玉堂一頓足：「難怪日本兵已經在這兒有了埋伏，眞是卑鄙!」

「哼!」札斯欽冷笑一聲，「日本人蠻以爲，只派一個班的兵來就够了。」

突然又有一列火車飛駛而來的聲音，大家跑到樹林外瞭望，果見有一列車窗內燈火通明的豪華列車，快速的通過了那座陸橋。

谷青納悶的自言自語：「奇怪?難道日本人會放過了張作霖嗎?」

谷青和甘玉堂，倉促的把山狼和封志道分別埋葬，築了兩個小小的土坟。然後，四個人開始整理行裝。

虎妞在封志道借給她穿的那件皮馬甲的夾層裏，從彈着孔的肩頭部位，發現了內藏有文件，抽了出來一看，惑然不解的說道：

「這是什麼?」

谷青接過來展開細看，用手電筒一照，淡然說道：

「這就是那兩個半張合起來的藏寶圖。」

「哦!封志道一直追着巫師伯，所要的東西，就是這個。」虎妞嘆息了一聲，「只可惜他去了。」

谷青不會再說什麼話，就一下一下的把這兩個半張地圖，撕的粉碎，向空中一抛，隨風而去。

札斯欽在一旁深深的點頭，對着谷青合十爲禮，臉上浮現出敬佩之意。

在大家就要上馬之前，谷青拉過來山狼所遺下的馬，忽有所思的又回頭去望着那兩個土坟，而從懷中抽出一把小刀，從身旁割斷了兩根已經發出新芽的柳枝，分別插在墳頭上。

甘玉堂牽着封志道所騎的馬，也頗有同感的說道：「現在正是栽樹的季節，這兩根柳枝，是會長活的。」

札斯欽則悠然的說道：「這兩顆樹的根，將來就會跟他兩個人的白骨，結合在一起。但求樹有影，而人何須乎留名。」

「嗯！」谷青似乎仍不忍遽去，又繞着兩座土墳，看了一圈，說道；「他兩個人，是會永遠存在的。」

三二

谷青、札斯欽、甘玉堂和虎妞四個人，回到了北京之後，才知道了張作霖的遇刺死亡，已經在關內關外引起了極大的震撼！

原來張作霖的專車，是在瀋陽附近皇姑屯車站外的陸橋上被炸了。時間就是在六月四日那天清晨五點十分，那跟谷青他們在白旗堡車站外，所發生槍戰事件的時間，相隔大約一個多小時。谷青心想，他們是曾經看到了那列專車開過去的，但竟未料到，陰險狡猾的日本人，早已計劃好了是要在皇姑屯下手的！

但是，直到事發四天以後，外界對於張作霖已經死亡的傳聞，仍有兩種不同的說法，有說是被當場炸死；也有說是被炸重傷，而於回到瀋陽城內的「元帥府」之後，才終告不治身亡。

巫成憂戚的對大家說：「但不論何種說法確實，而張作霖已經死在日本人手裏，已經是事實了！」

「我們的行動失敗了！」谷青長吁了一聲，「也送掉了兩條性命。」

「只怪事情陰錯陽差，」巫成安慰大家，「如果山狼不會受騙，他也不會陪上一條命。」

札斯欽改變話題說：「我看這北京城裏，好像還處在眞空狀態。」

巫成說道：「你剛囘來不知道，革命軍雖然已經訂在六月六日和平接收北京，改稱北平，但部隊尚未正式開進城。」

「我看民心倒是挺安定的。」甘玉堂頗感欣然。

「各位先休息兩天，我們就都離開北京。巫成作了這個決定。

札斯欽對玉婉一招手，說道：「來！你陪着虎妞姑娘，到後面禪房裡來，我要替她療傷。」

玉婉立刻攙扶着虎妞，跟隨着札斯欽去後面。

札斯欽讓虎妞躺在一張羅漢榻上，先使用針灸術給虎妞做了半身痲醉，接着就將虎妞的傷口，加以徹底的清洗整理。玉婉在一旁按住虎妞，看到她的肩胛骨暴露了出來，禁不住心中替虎妞感到疼痛，但虎妞只避過臉去却似並無疼痛。札斯欽在傷口處敷上了藥，就包紮了起來。然後，札斯欽又施行催眠術，使得虎妞很快的睡着了。

札斯欽又對玉婉一揮手，說道：「讓她安睡。」

玉婉卽隨着札斯欽出了禪房。但見谷青獨個兒，已經守候在外面。札斯欽明白他們之間的事，對谷青只點下頭，就過去前堂。玉婉緩步走向谷青，二人在梧桐樹下，併肩坐在石凳上，都默然無語。

久久。谷青才沉沉的說道：「虎妞的傷口，沒有什麼變化吧？」

「我看不出來，」玉婉沉靜的說，「不過，我看札大師的神情，大概是不會再有什麼不好的變化。」

「我知道，你是爲了我，才又跑到北京來。」

「我只想再見到你。」

「很抱歉，你來了這許多天，我一直都沒能單獨的跟你談談話。」

「你有要緊的事在忙着。」

「我是個不能够安定下來的人。」

「往後，你應該想到可以定下來了。」

「玉婉，」谷青感到有點內疚，聲音也有點梗塞了。「我本不應該辜負你的一片眞情，可是，我實在又怕自己不能够定得下來。」

「你總不能一輩子都流浪四海呀！」

「或許有那麼一天，我願意有個家。」

「我願意等你！」

「那樣，豈不是要誤了你的青春？」

「我別無選擇！」

玉婉的堅定表示，使得谷青無話可說了。

「我只希望你，這次能和我回白石鎮去一趟。」玉婉注視着谷青的臉，等待回答。

谷青不願意傷了玉婉的心，沉吟了一下，就婉轉的回答說：

「本來我是想送你回白石鎮去的，可是，目前的情形不許可，又只好委屈你，還是跟甘玉堂一起回去吧。」

「那你呢？」

「我必須要先護送虎妞回南方去。」

「啊？」玉婉楞住了。

谷青急忙解釋說：「虎妞的傷，需要長期療養，不然的話，她的武功就會廢了。」

「這我知道。」

「虎妞是甘肅省回族的女兒。我在濟南丟掉的那匹青鬃馬，就是她家的名駒。她爲了救我，來到北方，並且還特意帶來了另一匹同血統的青鬃馬給我。如今，她受了傷，需要照護，我就應該親自護送她回家去。她和我是同門的師兄妹，我總不能沒有這一點義氣。」

玉婉聽了谷青的這番解釋，點點頭。但接着又問道：「巫師伯不是也可以送虎妞回去嗎？」

「路途太遠，他年紀大了，而且他還有事情要回廣州去。」

「喔！是這樣的。」玉婉莫可奈何的輕嘆了一聲。

「明天，你和甘玉堂先走，別再在外邊多躭擱，免得你爹他老人家掛心。好嗎？」谷青說出了感情的話。

玉婉也陷入了離情別緒，雖然點頭聽從谷青的話，却也低下頭去擦眼淚。

谷青安慰玉婉說：「別難過，我們總會有再見面的一天。相信我，我並非是一個寡情寡義的人。」

「天長地久？」玉婉咽聲的說。

「嗯！天長地久。」

北京的老百姓和社會各界，都出來夾道歡迎革命軍入城，學生也遊行慶祝全國統一，青天白日旗又飄揚在大街小巷，一片歡聲。

在滿城的歡聲中，有三個異鄉人，牽着兩匹馬，在人羣的背後，寂寞而行。那是巫成和谷青，一前一後的護持着虎妞出城。虎妞把一隻受傷的胳膊吊在胸前，强忍住傷痛，步履有點兒踉蹌。沒有人認識他們；他們也不想讓人認識。俠士的心頭是火熱的，也是能甘於這份寂寞的！

就這樣，他們走出了北京城。沒有人知道他們的來，也沒有人知道他們的去。他們是悄悄的來，悄悄的去了。

三三

在青州白石鎮外的高崗上的那座大石碑，依然迎風而立；碑上刻的「青州奇俠」四個大字，也依然的光亮奪目。

玉婉坐在石碑下，失神的眺望着大路上的過往行旅人等，但又似並不曾看見什麼。她的心，是淒楚的！

一個老人，蹣跚的走上高崗，上前輕輕的拉起了玉婉。玉婉泣聲的叫着「爹！」就投入了老人的懷中。

老爹在腋下擁抱着女兒；也是女兒支撐着老爹，父女相依着走下高崗。夕陽的餘暉，照在這一對父女的臉上，也把他們的身影，照射得好長！好長！

後記

俠義故事小說，率多為作者所杜撰。小說就是小說，而未可與正史中的游俠列傳相比擬。「青州奇俠」一書自亦不例外。但讀者或仍不免有以野史的意思成分，來看俠義小說裏的人事物，總以為在小說裏所描寫的，或多或少是會有作者所知的世事真實情節，而加以演義為小說的。關於這一點，「青州奇俠」作者雖不能完全否認，但也不能承認它完全都是真實的。

有位名小說家說過，小說除了人名是假的，而所描寫的社會事象却是實在的；歷史除了人名是真的，而所記述的其他情節未必全是真的。

對於這種說法，倒是可以作為小說讀者的思考了。

因此，可以這樣說，「青州奇俠」故事的時地背景是真實的；人物有部分是真的與部分是假的；而跟人物有關連的故事情節發展，當然也就是真假相間，並且是把原本不相關的若干孤立的事物，讓它連接起來與溶合在一起，即構成為這一部小說故事。

描寫俠義人物故事的小說，在古今中外，原與一般文藝題材的小說，同為世人所愛好，其間並無高雅與低俗之分。在中國這類小說多不勝數，在歐美也頗多成為名著，流傳不衰，且已有不少被搬上銀幕，尤以美國西部故事小說為然，又為電影觀衆所欣賞。而時至今日在中國藝林，這類小說之所以被輕視，實因有一些所謂武俠小說太過浮濫，玄之又玄而外，並因對於其故事的時代背景與空間亦全無交代，讀來漫無界限，一片幻覺，除了一時的感性刺激，却無知性價值，過後仍是一片空白。那怎還會能見重於藝林呢？且亦弄壞了俠士的形象。

承名家楊震夷先生繪賜封面，謹誌謝忱。